农村汽车客运站设计及实践

河北省交通运输厅　组织编写

吕慧哲　王洪涛　舒　平　主　　编
刘　焱　朱冀军　雷　伟　副主编

人民交通出版社

北京

内 容 提 要

本书针对当前农村汽车客运站建设现状，系统介绍了农村汽车客运站的站级与规模分类、布局与选址、场地设计、建筑设计、标志系统、人性化设施和智能化系统配置等内容，收录了消防与设备等部分规范条目，并根据河北省的地域特征，有针对性地列举了大量的原创案例，希望能为全国各地农村汽车客运站设计提供更多的思路。

本书由众多设计研究院设计人员和国内高校教师共同完成，图文并茂，实用性强，可为广大建筑设计人员以及有关专业师生提供参考，也可供其他感兴趣的读者参考。

图书在版编目（CIP）数据

农村汽车客运站设计及实践／吕慧哲，王洪涛，舒平主编. — 北京：人民交通出版社股份有限公司，2025.6. — ISBN 978-7-114-20039-7

Ⅰ. U291.6

中国国家版本馆 CIP 数据核字第 2025HC7259 号

Nongcun Qiche Keyunzhan Sheji ji Shijian

书　　　名：	农村汽车客运站设计及实践
著 作 者：	吕慧哲　王洪涛　舒　平
责任编辑：	潘艳霞
责任校对：	赵媛媛　魏佳宁
责任印制：	张　凯
出版发行：	人民交通出版社
地　　　址：	（100011）北京市朝阳区安定门外外馆斜街 3 号
网　　　址：	http://www.ccpcl.com.cn
销售电话：	（010）85285857
总 经 销：	人民交通出版社发行部
经　　　销：	各地新华书店
印　　　刷：	北京市密东印刷有限公司
开　　　本：	787×1092　1/16
印　　　张：	9.5
字　　　数：	192 千
版　　　次：	2025 年 6 月　第 1 版
印　　　次：	2025 年 6 月　第 1 版　第 1 次印刷
书　　　号：	ISBN 978-7-114-20039-7
定　　　价：	95.00 元

（有印刷、装订质量问题的图书，由本社负责调换）

《农村汽车客运站设计及实践》
编　委　会

主编单位：河北省交通规划设计研究院有限公司

河北工业大学

张生学服务区融合创新工作室

主　　编：吕慧哲　王洪涛　舒　平

副主编：刘　焱　朱冀军　雷　伟

成　　员：（排名不分先后）

徐　良　张生学　秦景峰　黎　宁

赵景润　程　明　陈　欢　孟怡然

韩彦欣　程翔翼　王一萌　李鹏飞

吕佳泽　崔　健　王晓兰　孔右恒

刘铁军

为深入贯彻落实《交通强国建设纲要》《公路"十四五"发展规划》(交规划发〔2021〕108号)和《关于推动农村客运高质量发展的指导意见》(交运发〔2021〕73号)的总体要求,实现2025年农村汽车客运可持续发展机制基本建立的规划目标,以及2035年农村汽车客运高质量发展的目标,推进农村汽车客运站建设的科学性、规范性、标准性,建成便捷舒适、安全可靠、集约高效的农村汽车客运体系,河北省交通运输厅组织编写本书。

本书对农村汽车客运站规划布局、建筑设计等内容进行总结归纳,对当前国家主要政策进行收集和分析,通过对各区街道、乡镇进行实地调研,深入了解我国农村汽车客运站建设发展现状,为本书编写做好基础性工作。

本书以建设美丽农村、发扬地域文化为指导,通过分析河北省地理环境特征、农村公路网分布状况、农村汽车客运站建设特点,按区域建筑特征对农村汽车客运场站建筑风格进行分类,并辅以与此相应的大量案例。

本书在充分理解交通运输部办公厅等十一个部门出台《关于加快推进汽车客运站转型发展的通知》的基础上,针对农村汽车客运站转型,提出了四种转型模式,为建设完善农村运输服务站点、深入推进客货邮融合发展、扩大对乡村旅游服务的覆盖范围、打造集约共享的融合发展体系、提升农村客运信息化服务水平提供了参考。

本书编写主要内容和特色如下:

(1)第1~5章详细介绍了农村汽车客运站的整体发展思路,以及农村汽车客运站的站级与规模、布局与选址、场地设计和建筑设计等内容,力求反映当代的新要求、新成果、新理念、新趋势。本书绘制大量图表,配合适量的文字说明,便于使用者查阅。

（2）第 6~8 章详细介绍了农村汽车客运站的标志系统、人性化设施和智能化系统配置，以及消防与设备等内容，强调了农村汽车客运站设计中辨识性、舒适性、安全性、智能化的重要意义。

（3）第 9 章列举了大量的原创案例，案例分为平原建筑、山地建筑、滨水建筑以及林原建筑四大类，案例全面，典型新颖，全面覆盖了河北省域各类地形地貌的建筑风格，为省内不同区域的农村汽车客运站设计提供参考模板。本书同时甄选大量国内外优秀小型客运站实践工程案例，供读者参考。

（4）本书仅作为建筑方案设计的参考，施工图应符合有关法律、法规及国家、行业现行有关标准的规定。

（5）本书主要适用于农村汽车客运站建筑的新建（重建）、改扩建工程。

本书由河北省交通运输厅组织编写，河北省交通规划设计研究院有限公司、河北工业大学、张生学服务区融合创新工作室作为主编单位。本书在编写过程中，得到设计研究院设计人员和国内高校教师的大力支持与帮助，在此表示衷心的感谢。同时，特别感谢书中图片的提供者，这些图片不仅使本书更加生动和引人入胜，也便于读者对本书主题的理解。

限于作者的水平和经验，书中错漏之处在所难免，恳请读者批评指正。

作　者
2025 年 1 月

Contents 目录

第 1 章

概述

1.1 发展现状

"十三五"期间,我国二级及以上公路通达 97.6% 的县城,农村公路总里程达 438 万 km,覆盖广泛、互联成网、质量优良、运行良好的公路网络已基本形成;农村物流网络节点体系初具雏形;智慧物流、定制客运、网约车、分时租赁、网络货运等新业态、新模式竞相迸发,城乡道路客运和旅游融合(简称"运游融合")产品不断涌现。但仍然存在一些问题,如公路与其他运输方式、新一代信息技术、其他相关产业的融合发展仍有提升空间,农村汽车客运长效发展机制不够完善,农村物流短板明显等。

交通运输部发布的《公路"十四五"发展规划》提出推进乡镇运输服务站建设的要求:统筹农村客运、货运物流、邮政快递发展,推进邮政、快递、供销、旅游和交通运输资源相结合,建设标准适宜、经济适用的乡镇运输服务站。

农村汽车客运站是县域公路运输系统的重要组成部分,也是公路运输网重要的衔接点和节点。随着农村经济的发展和农村公路网不断完善,农村汽车客运站建设已成为公路发展的重要任务。

1.2 发展思路

农村汽车客运是服务农村居民出行、促进城乡交流的重要纽带,是城乡经济社会一体化发展的重要基础,是解决"三农"问题、建设社会主义新农村、推动城乡一体化等促进城乡均衡发展、全面建设小康社会的重要内容之一。结合《公路"十四五"发展规划》中资源统筹、标准适宜、经济适用的乡镇运输服务站建设目标,本书对农村汽车客运站的建设提出了相关发展思路。

1.2.1 指导思想

以习近平新时代中国特色社会主义思想为指导,深入贯彻党的二十大和二十届二中、三中全会精神,统筹推进"五位一体"总体布局,协调推进"四个全面"战略布局,坚持以人民为中心、立足新发展阶段、贯彻新发展理念、构建新发展格局,坚持稳中求进工作总基调,以推动高质量发展为主题、以深化供给侧结构性改革为主线、以改革创新为根本动力,进一步完善农村公路网络,提升农村汽车客运站服务品质,提高安全保障能力,全面推进公路建管养运协调发展,全面加强农村公路与其他运输方式的衔接融合,提升农民满意度,加快建设交通强国,为全面建设社会主义现代化国家当好开路先锋。

1.2.2 统筹协调、融合发展

农村汽车客运站布局应坚持系统观念,统筹公路沿线资源,推动区域交通协调发展,提升公路网络效益和整体效能。加强农村公路与其他运输方式的衔接协调和深度融合,推进农村公路交通与邮政快递业、旅游业、制造业、现代农业等相关产业融合发展。

考虑公众出行的个性化、多样化需求,确定各农村汽车客运站的功能、服务水平与建设规模,设置布局合理、功能互补的农村客运场站。支持农村客运与邮政、商务、供销、物流等功能整合,构建"一点多能、一网多用、深度融合"的农村客运发展新模式。

位于乡镇、建制村的客运站,可结合地方旅游、物流、商业等其他服务设施共享站点资源,设置成共用的大型服务设施。农村汽车客运站是旅游、物流、商业空间的辅助建筑空间类型之一,可利用客运站的人流聚集效益,激活部分区域空间,更好地服务群众出行需求,推动农村经济发展。

1.2.3 盘活存量、优化增量

农村汽车客运站应综合考虑现有服务设施、管养设施及社会服务资源的分布情况,进行合理布局。农村汽车客运站可单独设置,也可考虑与公路其他设施(管理站、超限站以及原有公路设施)共建,采取共建共享、协议合作等多种方式与其他基础设施(社会加油站等)协调设置,与公路管理设施同址合建时宜分区管理。

在选址合理的前提下,鼓励利用养护道班(工区)、加油站、超限检测站、收费站、公共厕所、农家乐等现有公路管养设施、社会服务场所、闲置设施和用地等资源,改造建设农村汽车客运站。利用现有设施改造的农村客运站,要求其所在路段线形视距良好,且不宜与道路平交、立交重合,应满足新建农村汽车客运站有关视距、线形等指标要求,否则不宜改建为农村汽车客运站。

1.2.4 绿色集约、安全发展

牢固树立生态优先理念,农村汽车客运站的布局与建设应坚持集约节约利用土地等资源,加强节能减排。

农村汽车客运站建筑汇集村镇之间的主要流动客流,使用强度相对较高,应有整体的防灾策略,在细节上必须保证使用的安全性。在建筑的空间环境、材料选用、入站前提示牌设置等方面,还应考虑舒适性、耐用性,为旅客创造舒适的环境,提供准确、及时的信息,制定合理的服务标准,为旅客提供全面、到位的人性化服务,扩展交通建筑的外延功能。

1.3 相关概念

(1)农村汽车客运站:主要办理村、乡、镇的汽车客运业务,为旅客提供公路运输服务的建筑和设施。

(2)设计年度:车站建成使用后十年内旅客发送量最大的年份。

(3)旅客发送量:客运场站统计年度平均每日的旅客发送量。

(4)旅客最高聚集人数:设计年度中旅客发送量偏高期间,每日最大同时在站旅客人数的平均值。

(5)站房:在客运站或客货运站中,供旅客使用的站房,是候车、售票、行包、驻站和办公等主要建筑用房的总称。

(6)候车风雨廊:供候车旅客遮风避雨或休息的廊式建筑。

(7)等级车站:具有一定规模,可按规定分级的汽车客运站。

(8)便捷车站:以停车场为依托,具有集散旅客、停发客运车辆功能的车站。

(9)招呼站:在公路与城市道路沿线,为客运车辆设立的旅客上落点。

第 2 章

站级与规模

2.1 站级划分

本书根据《汽车客运站级别划分和建设要求》(JT/T 200—2020)中的设施与设备配置、日发量的有关规定,将等级车站从高到低依次分为一级车站、二级车站、三级车站。

2.1.1 农村汽车客运站级别划分

农村汽车客运站划分为独立车站(为等级车站的三级车站)、便捷车站、招呼站共三类,见表2-1。

农村汽车客运站的站级分级
表2-1

分级	发车位 (个)	年平均日旅客发送量 (人次)	计算百分比 α (%)
独立车站	≤6	300 ~ 1999	20 ~ 12
便捷车站	—	100 ~ 299	30 ~ 20
招呼站 *	—	<100	50 ~ 30

注: * 招呼站的日发量和计算百分比参考《交通客运站建筑设计规范》(JGJ/T 60—2012)表3.0.4。

(1)独立车站:设施与设备符合表2-2和表2-3中独立车站配置要求,且年平均日旅客发送量(简称"日发量")在300人次及以上、不足2000人次的车站。

(2)便捷车站:设施与设备符合表2-2和表2-3中便捷车站配置要求的车站。

(3)招呼站:设施与设备不符合表2-2和表2-3中便捷车站配置要求,具有等候标志和候车设施的车站。

农村汽车客运站设施配置表
表2-2

设施类别与名称			独立车站	便捷车站
场地设施	换乘设施	公交停靠站	●	○
		出租车停靠点	●	—
		社会车辆停靠点	○	—
		非机动车停车场	○	○
	站前广场		○	—
	停车场(库)		●	●
	发车位		●	○

设施类别与名称				独立车站	便捷车站
建筑设施	站房	站务用房	候车厅(室)	●	●
			母婴候车室(区)	○	—
			售票处(厅)	●	○
			综合服务处	○	—
			小件(行包)服务处	○	○
			治安室	○	○
			医疗救护室	○	—
			饮水处	○	○
			盥洗室与旅客厕所	●	●
			无障碍设施	●	●
			旅游服务处	○	—
			站务员室	○	—
			调度室	○	—
			智能化系统用房	○	—
			驾乘休息室	●	○
			进、出站检查室	●	●
		办公用房		○	○
	辅助用房	生产生活辅助用房	车辆安全监测台	○	○
			车辆清洁、清洗处	○	—
			车辆维修处	○	—
			驾乘公寓	—	—
			商业服务设施	○	—

注:表中"●"表示应配置;"○"表示视情况配置;"—"表示不做要求。

农村汽车客运站设备配置表　　　　　　　　　　　　表2-3

		独立车站	便捷车站
服务设施	售票检查设备	●	○
	候车服务设施	●	●
	车辆清洁清洗设备	—	—
	小包(行李)搬运与便民设备	○	○
	广播通信设施	○	○
	宣传告示设备	●	●
	采暖/制冷设备	○	—
安全设备	安全检查设备	●	●
	安全监控设备	○	○
	安全应急设备	●	●

信息网络设备	网络售、取票设备	○	—
	验票检票信息设备	○	—
	车辆调度与管理设备	—	—

注:"●"表示应配置;"○"表示视情况配置;"—"表示不做要求。

2.1.2 旅客最高聚集人数计算方法[1]

分别按照下面两种方式计算客运站旅客最高聚集人数后,取其平均值。

(1)根据客运站日发量,旅客最高聚集人数按式(2-1)计算:

$$D = \alpha \times F \tag{2-1}$$

式中:D——旅客最高聚集人数(人);

α——计算百分比(%),其值选取见表2-1;

F——日发量(人次)。

(2)按同期发车数量计算,根据客运站同期发车数量,旅客最高聚集人数按式(2-2)计算:

$$D = k \times p \times M \tag{2-2}$$

式中:k——增设系数,取值为1.5~2.5;

p——客车平均定员人数(人/辆);

M——发车位数(辆)。

2.1.3 其他方式划分

按所在地的行政级别确定站级也是一种分级方式,见表2-4,表2-4里的四级站相当于本书的独立车站。这种分类方式不作为本书的分级依据,仅供读者了解。

按行政级别划分站级 表2-4

规模	站址所在地行政级别
一级站	省、自治区、直辖市及其所辖市、自治州(县)人民政府和地区行政公署所在地
二级站	县以上或相当县人民政府所在地
三级站	县、乡人民政府所在地
四级站	乡、镇人民政府所在地
五级站	镇人民政府、村委会所在地

---

[1] 参考《汽车客运站级别划分和建设要求》(JT/T 200—2020)。

2.2 功能配置

应按实际需要因地制宜确定农村汽车客运站站级,并报主管部门批准,其功能配置详见表2-2、表2-3。

2.3 用地规模

国内对于农村汽车客运站规模的确定,尚无明确的方法。规范中的农村汽车客运站用地规模与年平均日旅客发送量和发车位数❶两个概念密切相关,农村汽车客运站占地面积一般按每100人次日发量指标进行核定。农村汽车客运站规模较小,占地面积❷可参考表2-5。

农村汽车客运站占地面积 表2-5

车站类型	设计年度平均日旅客发送量 F(人)	占地面积(m^2)
独立车站	300~1000	≥2000
便捷车站	100~300	≥500
招呼站	<100	≥60

站级规模确定后,可按表2-3确定应设或宜设的客运用房、驻站单位用房、行政用房、生产辅助用房、维修车间用房及生活用房等各类用房,完善功能配置和房间大小(详见第5章)。和具有其他功能的建筑合建的农村汽车客运站,应按照拓展功能需求增加或减少相应规模。

2.4 转型模式

作为道路客运服务的重要基础设施,农村汽车客运站在保障公众出行中发挥着重要作用。近年来,受公众出行习惯变化等多重因素影响,全国各地不少汽车客运站客流量呈下降趋势。2023年8月,交通运输部等十一部门联合印发《关于加快推进汽车客运站转型发展的通知》,

---

❶ 按照《交通客运站建筑设计规范》(JGJ/T 60—2012)规定,客运汽车的单车载客座位数为40~60座,也就是发车班次、发车位等都以大型客车作为标准,农村汽车客运站未来的主要车辆选型是中小型客车,相关规范尚未确定,因此仍以大型客车作为计算单位。

❷ 参考《汽车客运站建设管理导则》(DB43/T 1041—2023)。

以优化布局、调整规模、拓展服务和综合开发为重点,提出科学优化布局结构、合理调整存量规模、拓展站场服务功能、扩展旅游商贸服务、加强用地综合开发、营造良好发展环境六方面具体任务,着力推进汽车客运站转型。

农村汽车客运站未来转型可以参考以下模式。

2.4.1　农村物流集结模式

响应快递进村和农村客货邮融合的号召,农村客运可以依托客运站与邮政、快递物流、供销等部门的深度合作,建立共配模式,逐步建立小件快运、物流配送等网络。

以物流集结模式为主导的农村汽车客运站设计应合理规划客、货分流线路,配备必要设施设备,规范营运客车带邮带件、中转运输等服务。

鼓励客运站整合各方信息资源,完善平台网上交易、运输组织、过程监控、结算支付、数据分析等服务功能,优化组织服务,提升运输效率。

2.4.2　农村客运旅游模式

深化运输旅游的融合发展,农村汽车客运站与传统村落、生态村、文化村、民俗村等具有一定资源禀赋的乡镇合作,构建"农村客运 + 旅游"等新业态。

以客运旅游模式为主导的农村汽车客运站设计应支持设立旅游集散中心,提供旅游服务咨询、景区展示、旅游商品售卖、旅游交通服务预订、文化休闲、集散换乘等综合服务,提升旅客出行体验。客运车辆应与旅游专线车辆合理分区,流线不交叉。

鼓励农村汽车客运站划出一定区域范围,为优质农产品、旅游纪念品提供展销场所和必要设施。结合区域文化、民俗和产品特点,在重要节日或重点时段,组织策划形式多样的宣传推介活动,推广当地文化、乡村特色美食和优质农产品。

农村汽车客运站与第三方出行平台合作,依托旅游集散中心打造区域性旅游综合信息服务平台,线上提供信息查询、票务预订等一站式服务,线下通过旅游集散中心提供全程运输服务。

2.4.3　农村客运公交化模式

农村汽车客运承担偏远地区居民的出行任务,农村汽车客运与高速公路铁路相比,应发挥其灵活多变的优势,通过公交化、定制化满足不同人群的需求。

以客运公交化模式为主导的农村汽车客运站设计可以设置专用区域,作为定制客运线路、公交线路、城际公交化线路和城乡客运一体化线路首末站,为承运企业提供组织客流、停车、洗车、维修等综合服务。

可以在县城城区的客运班线主要途经地点设立停靠点、招呼站,提供售检票、行李物品安全检查和营运客车停靠服务,与市镇公交相衔接,便于换乘。

■■2.4.4　农村客运综合服务模式

农村汽车客运站可根据其区位优势建成一个集停车、住宿、餐饮、配客、组货、配载、车辆维修等于一体的多功能型道路运输综合服务站。

以农村客运综合服务模式为主导的农村汽车客运站可以结合自身优势,灵活配置功能场所。可因地制宜推进充换电基础设施建设,满足新能源汽车用户用电需求;可发展汽车租赁等业务;也可进行商业功能拓展,设置餐饮、购物、特产展销等功能。商业功能应与客运基础功能空间集约化设计,商业服务设施应不妨碍旅客活动与行包移动,不应对农村汽车客运站标志产生视觉干扰。

第 3 章

布局与选址

3.1 规划布局

站场的规划布局是汽车客运站规划建设过程中最重要的一步。农村汽车客运站的规划布局是指在县域范围内,从区域的整体性出发,对区域内各乡镇经济、社会、交通等方面的发展现状及未来的发展趋势等内容进行分析,运用科学的方法对县内各乡镇进行合理的客运站布局。农村汽车客运站、候车亭、招呼牌的规划、设计和建设应纳入农村公路的规划、设计和建设,实现路、站、运同步规划和建设。

农村汽车客运站布局规划是一项复杂的系统工程,农村汽车客运站规划布局受公路网层次、客运站服务辐射范围、乡镇经济发展状况等重要因素,以及人口分布、国省干道、其他运输方式、生态环境、相关政策等其他因素的影响。

《汽车客运站级别划分和建设要求》(JT/T 200—2020)中指出,汽车客运站是道路旅客运输网络的节点。一般来说,节点的重要程度越高,该节点的建设等级越高。而节点的重要程度又与其公路网分布、发展政策等因素有关。确定节点的重要程度可以参照《公路工程技术标准》(JTG B01—2014)规定的节点层级结构❶。节点层级按以下步骤确定:①依照行政属性、用地性质、交通需求等实施区域划分,并将区域抽象为节点;②确定节点重要度,节点重要度是定量描述区域内各节点间相对重要程度的指标,主要以总人口、工业总产值、人均收入等指标作为定量分析各节点重要度的指标。

农村汽车客运站布局结合节点层级结构和站级分类可划分为中心节点布局(中心镇)、主要节点布局(普通镇)和一般节点布局(各行政村或自然村),对应关系见表3-1。

客运站节点层级和站级对应关系   表 3-1

节点	节点层级	对应站级
中心镇	中心节点	独立车站
普通镇	主要节点	便捷车站
各行政村或自然村	一般节点	招呼站

3.1.1 独立车站

中心镇是指具有较好区位优势、较强经济实力、较好基础设施、较大发展潜力、对周边地区具有一定辐射力的区域重点镇。

---

❶ 《公路工程技术标准》(JTG B01—2014)表3-2。

独立车站是长短途的结合点和换乘点,是与其他运输方式相衔接的接驳点,具有班线多、客流大的特点,有售票、候车、停车、车辆检修等功能,按等级车站三级客运站标准建设。

3.1.2 便捷车站

便捷车站主要布设在各乡镇,通常是干线与支线的衔接点,一般依托乡镇的停车场、集市等建设,具有集散旅客、停发客运车辆功能,可作为农村客运线路的起点或终点。其规模较小,占地面积不宜过大。

3.1.3 招呼站

招呼站是农村汽车客运站站点体系的主体,其设置位置、数量都会影响到居民出行的便捷性。招呼站的布局应尽可能覆盖各行政村或自然村。招呼站❶根据日发量和旅客人次等不同情况按需设置港湾站、候车亭和招呼站牌,见表3-2。

招呼站设计类型 表3-2

分类	建站条件	建设要求
港湾站	具备下列条件之一的公路沿线旅客上落点,设置港湾站:①公路交通流量较大,统计年度平均日发客运班车在2个班次以上,过往客运班车在6个班次以上;②村、屯距公路在3km以内,所在地统计年度平均日上落旅客25人次以上	①布设于干线公路或农村公路沿线一侧;②具有明显的客运站标志、辅道、停车位和候车服务设施以及遮阳、避风、躲雨、等候休息功能,配有座椅;③配置2个以上的停车位和遮阳、避风、躲雨等候休息的候车服务设施,配有座椅;④可供同时等候人数不少于10人,每人占用面积不小于1.2m²;⑤条件许可时,配设提供餐饮、购物等设施
候车亭	具备下列条件之一的镇、乡、村和公路沿线旅客上落点,设立候车亭:①所在地统计年度平均日发客运班车在1个班次以上,不足3个班次;②所在地统计年度平均日过往客运班车在3个班次以上,不足10个班次;③所在地公路沿线旅客习惯上落点,统计年度平均日上落旅客10人次以上	①布设于镇、乡、村或干线公路或农村公路沿线旅客习惯上落点;②具有明显的客运站标志和遮阳、避风、躲雨、等候休息功能,配有座椅;③可供求同时等候人数不少于4人,每人占用面积不小于1.2m²
招呼站牌	所在地统计年度平均日过往客运班车不足3个班次的村、屯和公路沿线旅客上落点,设立招呼站牌	①位于镇、乡、村或干线公路或农村公路沿线旅客习惯上落点;②具有明显的客运站标志,条件许可时,可设置遮阳、躲雨设施

3.2 选址要求

除了满足规划布局要求外,农村汽车客运站在选址时应符合城镇总体规划的要求,并应符

❶ 张三省.农村客运站:类别选择和建设要求[J].运输经理世界,2005,7:72-73.

合下列规定：

（1）农村客运场站应与公路和城市道路、其他运输方式场站有效衔接，方便旅客出行换乘；

（2）站址应避开地质灾害区域；

（3）站址禁止选在生态保护红线、永久基本农田和其他特定保护区内；

（4）站址应方便与电力网、给排水网、排污网、通信网等城市公用工程网系衔接；

（5）客运站应集约节约用地，宜综合、立体开发，站址应留有发展用地；

（6）站址与有害物品、危险品等污染源的防护距离，应符合环境保护、安全和卫生等国家现行有关标准的规定；

（7）乡镇客运站应建在离乡镇人口密集区较近的地方。

3.3 选址流程

农村汽车客运站选址流程一般在规划布局的基础上展开，首先需要明确影响布局的因素，对主要因素进行调查研究，了解区域乡镇的总体规划，县内各乡镇的经济发展状况、公路网分布和建设情况等。对于其他因素，如人口分布、社会文化环境、生态环境、产业分布等，也需要进行资料收集。

根据公路网的层次、路网节点层次、客流量预测、乡镇规划等对农村汽车客运站进行层次划分；确定站场的空间布局、辐射范围和数量，经过调整优化确定最终布局方案；然后可进行单个站场的规模确定、选址以及站场总平面布置等工作。具体流程如图 3-1 所示。

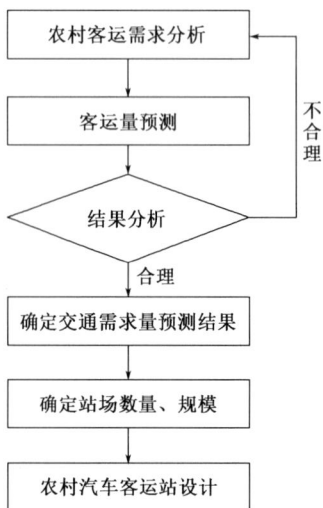

图 3-1　农村汽车客运站规划布局方案设计流程

第 4 章

场地设计

4.1 站型选址

公路客运站的站型按空间布局主要分为平面式和立体式。按平面布局主要分为线性和集中式。

图4-1a)为"一"字形布局,其特点是候车厅、售票厅均沿干道呈"一"字形排列。这种布置的客运站属于常规布局,立面均衡对称。图4-1b)为"L"形布局,其特点是售票厅与候车厅的大门分别面临两条大街,呈"L"形,这种布置形式适于位于交叉路口的客运站,布置形式比较灵活。

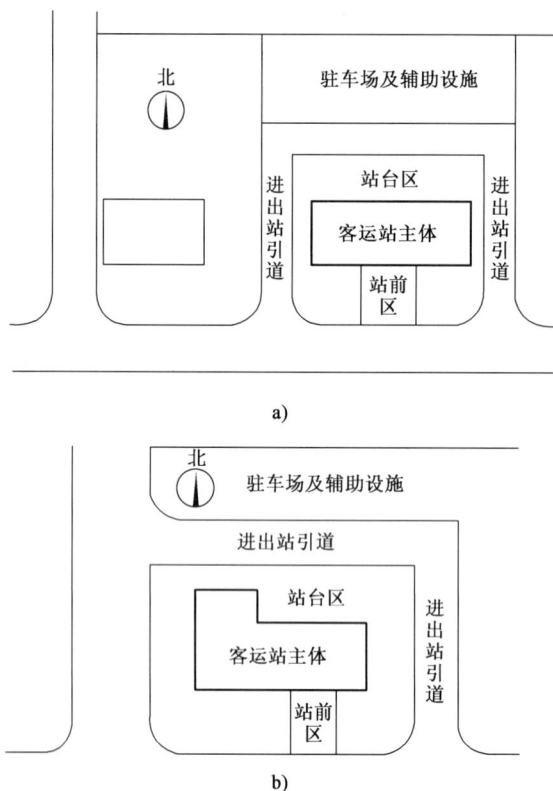

a)

b)

图4-1 客运站布局形式示意

站型在选择时可根据建设用地与规模的关系选择:当用地紧张时,站型选择可以集中式、立体式布局为主,节省建设用地;当用地较为宽松时,可以周边式、平面式布局为主,节省造价。

也可根据换乘复杂程度选择,当客运站含三种以上交通工具的换乘,或客运站内包含两种以上交通工具的枢纽站(或中心站)时,可考虑立体式布局,以缩短换乘距离。当客运站含三种以下交通工具换乘,或换乘仅以一种交通工具与其他交通工具换乘为主时,可考虑采用平面式布局,以降低建筑复杂程度,节省造价。

农村汽车客运站规模较小时,一般采用平面集中式布局。建筑形态常选用"一"字形和"L"形(图4-1),以降低建筑复杂程度,节省造价。场址位于山地或坡地的客运站,应充分考虑并利用自然条件,特别是地形条件,采用立体式的站型设计,如图4-2所示。

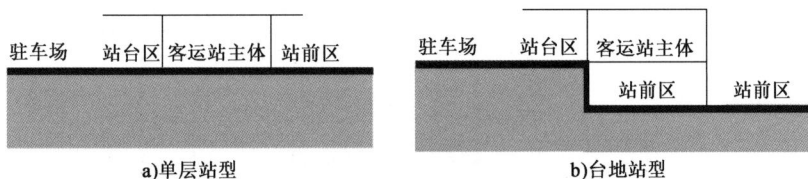

图 4-2　站型类型

4.2　总平面布置

农村汽车客运站总平面布置应该根据当地实际情况,满足乡镇总体布局规划的要求,合理利用地形条件,布局紧凑,节约用地,远、近期结合,并宜留有发展余地。位于乡镇、建制村的客运站,宜与物流、邮政、商贸、供销等服务业共享站点资源。

农村汽车客运站总平面布置应布局合理、衔接顺畅、分区明确,能够满足客运站的使用功能需求。客运站人流密集复杂,需要同时满足退用地边界、退道路红线和消防间距的要求;其次,满足人员、车辆室外疏散等安全要求,以及使用功能要求。

汽车客运站总平面布置应包括站前广场、站房、营运停车场和其他附属建筑等内容。按照规范与人性化设计的要求,场区各功能应做到动静分区、开放与私密空间分区。为保持主体建筑室外空间环境的完整性,场地人员出入口一般安排在场地所临的干道上,附属类用房、客运停车场与院落应设置在站房主体后侧。

农村客运场站设计应符合现行《综合客运枢纽换乘区域设施设备配置要求》(JT/T 1066)、《综合客运枢纽通用要求》(JT/T 1067)的有关规定。在与公路其他附属设施合建的情况下,宜与除客车以外的其他交通运输方式的场站共享站前广场、换乘区、候车区、售票区、停车区等设施和设备;在与旅游专区对接的情况下,宜设置景区专线、游客集散专区等功能。

独立车站的总平面布局可以参考图4-3、图4-4的平面布局形式。

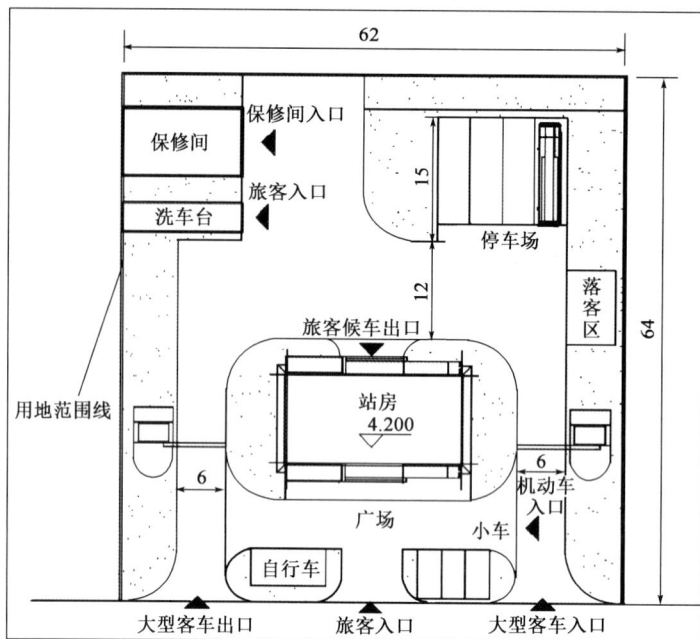

图4-3 "一"字形客运站总平面方案参考（尺寸单位：m）

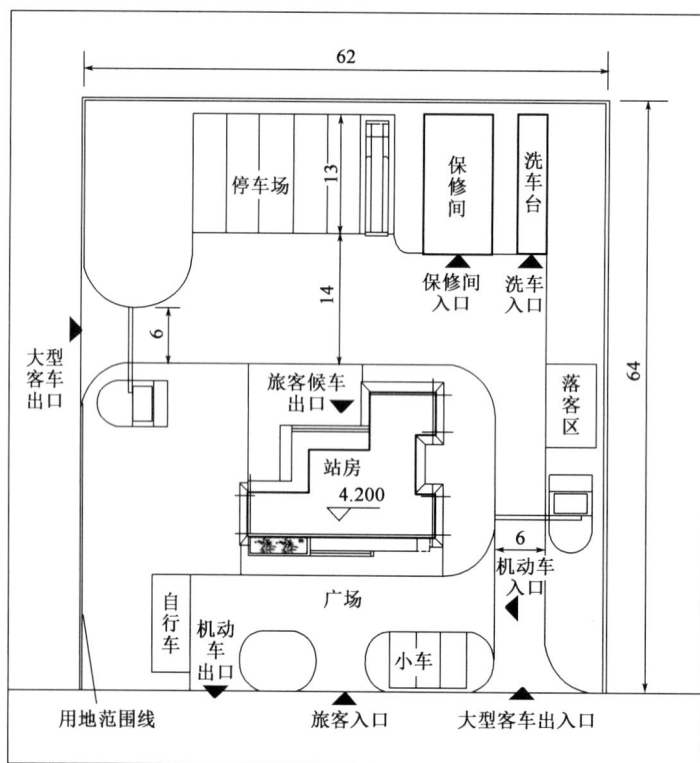

图4-4 "L"形客运站总平面方案参考（尺寸单位：m）

4.3 交通组织

　　流线设计直接影响客运站整体功能的发挥及其周边交通运行的效率,在设计中应根据周边路网条件,通过合理设置车辆出入口及流线组织,使周边路网及道路交叉口负荷均衡。机动车交通组织应尽可能便捷、流畅、高效,做好人-车、车-车分流。

4.3.1　人行流线

　　人行流线包括客运站旅客人流和换乘人流(图 4-5)。

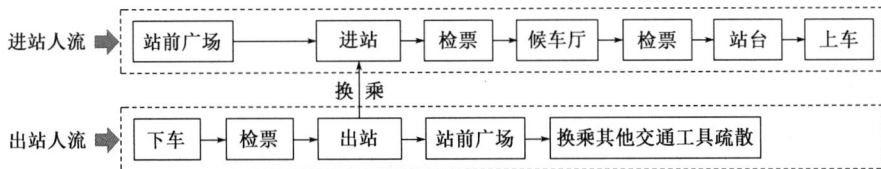

图 4-5　进出站人行流线

　　(1)旅客人流: 包括通过公交车、出租汽车、社会车、非机动车等到达或离开客运站的旅客。

　　(2)换乘人流: 在与客运站配套的城市公共交通工具间换乘的非客运站旅客人流,包括在公交车、出租汽车、社会车辆、非机动车等之间换乘的人流。

4.3.2　车行流线

　　客运站车辆按交通工具种类可分为长途客车、公交车、非机动车以及社会车辆等。其中长途客车进出站流程见图 4-6。

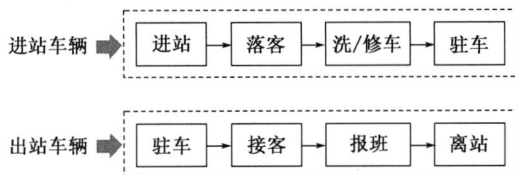

图 4-6　长途客车进出站流程

　　站场区的车辆流线组织应尽可能便捷、流畅、高效,单方向逆时针循环,流线不交叉(图 4-7)。

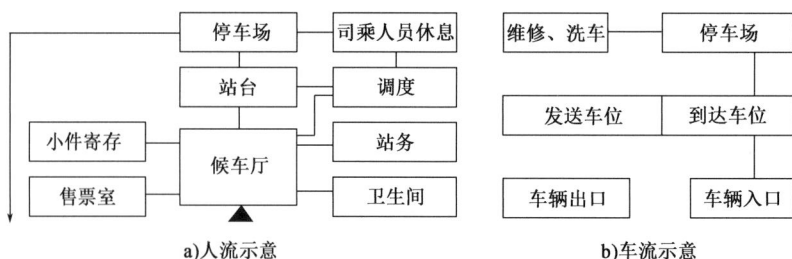

图 4-7　站场区人流、车流示意

4.4 广场设计

4.4.1 站前广场

对于是否设置站前广场,农村汽车客运站没有硬性规定,若站前设置广场,可按旅客最高聚集人数每人次 $1m^2$ 进行核定,参考表 4-1。

站前广场面积　　　　　　　　　　　　　　　　　　　　　表 4-1

客运站类型	旅客最高聚集人数 D(人)	站前广场面积(m^2)
独立车站	63～390	63～390
便捷车站	—	
招呼站	—	

注:站前广场面积 $= D \times 1m^2 /$ 人,旅客最高聚集人数参考2.1。

广场设计要点:

(1)合理利用站前广场组织车行及人行道路、停车场、公交停靠点、出租汽车停靠点、发车位等,换乘关系如图 4-8 所示。图 4-8 中实线表示以客运站为主体的换乘关系:第一层为客运站进、出站人流与公交、各类出租汽车人流之间的换乘,这是换乘量最大的部分;第二层为客运站与社会车辆、自行车、步行人流的换乘,这是换乘量较小的部分。虚线表示其他可能的换乘方式。站前广场与换乘区应有效衔接,满足旅客顺畅换乘的需求。

(2)站前广场要有车行道和人行通道,道路要有明确的引导性,做到人车分流,目标明确;人员活动场所与道路、停车场相接处应设置路障设施,限制机动交通进入。

(3)站前广场设计应满足无障碍通行需求,服务场所主要进出口之间应设置无障碍通道,并设置无障碍指引标识和信息系统。

(4)广场设计宜符合安全性要求,广场与道路、停车场等地面面层材料应明显区分;人行地面应选用平整、防滑、色彩鲜明的铺装材料,面层防滑应符合现行《建筑地面工程防滑技术规程》(JGJ/ T 331)的规定。

(5)换乘广场(区)规模的确定应体现资源共享的原则;换乘广场(区)宜设置换乘风雨廊道,其净宽应不小于3.0 m;换乘广场设置的座椅宜具有遮阳、挡雨功能。

(6)承担城乡客运、旅游交通组织功能的客运站可在换乘区适当增加集散与转换用地。

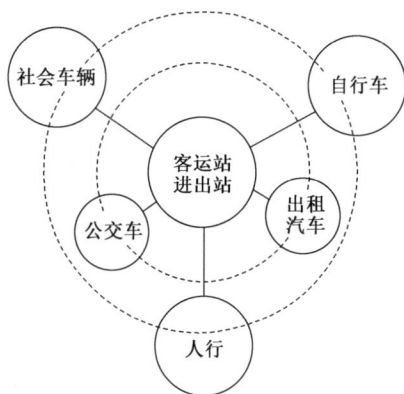

图 4-8　换乘关系示意图

4.4.2　道路

汽车进站口、出站口应满足营运车辆通行要求。独立车站宜分别设置进站口、出站口;进站口、出站口净宽不应小于4.0m,净高不应小于4.5m;汽车进站口、出站口与旅客主要出入口之间应设不小于5.0m的安全距离,并应有隔离措施;汽车进站口、出站口与公园、学校、托幼、残障人使用的建筑及人员密集场所的主要出入口之间的距离不应小于20.0m。

独立车站站内道路应按人行道路、车行道路分别设置。双车道宽度不应小于7.0m;单车道宽度不应小于4.0m;主要人行道路宽度不应小于3.0m。

4.4.3　停车场(库)

停车场(库)应按车型分组划分,行车路线互不干扰。营运停车区内不应设置为旅客服务的商业设施。为适应新能源技术的发展需要,停车场宜预留加气站、电动汽车充电设施用地。充电桩应按照现行《电动汽车分散充电设施工程技术标准》(GB/T 51313)的要求设计,社会车辆停车场充电桩宜与夜间车辆、营运车辆充电设施集中布置、集中管理。

(1)停车场面积计算。

停车场(库)容量按发车位数的5倍取值,单车占用面积按客车投影面积的3.5倍取值。

停车场(库)面积的最小值按式(4-1)计算,客运站可根据实际需要增加停车场面积[1]。

$$S_1 = 17.5 \times M \times S_0 \qquad (4-1)$$

式中:S_1——停车场(库)面积(m^2);

S_0——客车投影面积(m^2)。

在设计停车场时(实际管理亦应如此)应将不同车型分类组合,避免参差不齐,增加停车区面积。车型[2]参考表4-2。

设计车型尺寸及最小转弯内半径(单位:m)　　　　　　　　表4-2

设计车型	外廓设计尺寸			最小转弯半径
	总长	总宽	总高	
微型车	3.80	1.6	1.80	4.50
小型车	4.80	1.8	2.00	6.00
轻型车	7.00	2.25	2.75	6.00 ~ 7.20
中型客车	9.00	2.5	3.20	7.20 ~ 9.00
大型客车	12.00	2.5	3.50	9.00 ~ 10.50

(2)停车方式。

停车方式可采用平行式、斜列式(倾斜30°、45°、60°)和垂直式(图4-9)。垂直式要求场地宽阔完整,用地较为经济,垂直式又可分为单排和双排停放。当通道不能满足垂直停放出车要求时,也可随地形平行或倾斜布置。平行或倾斜布置时,由于出车通道要求宽度较小,一般可考虑布置大型客车停车位。停车场停车方式,按照地形采用混合式的较多。

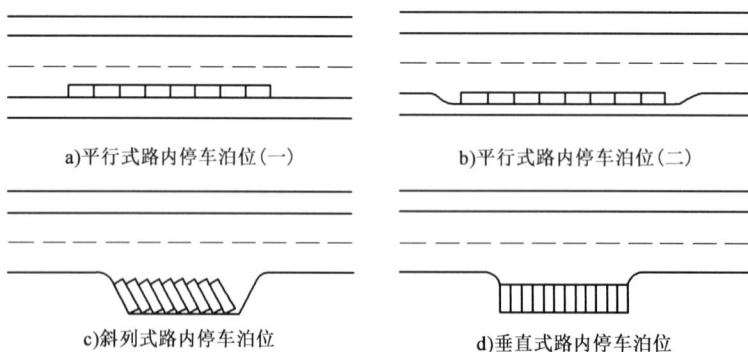

a)平行式路内停车泊位(一)　　　b)平行式路内停车泊位(二)

c)斜列式路内停车泊位　　　　　d)垂直式路内停车泊位

图4-9　泊车方式

(3)社会车辆、非机动车停车。

社会车辆停车场尽量设在方便易停的位置,非机动车停车场应设置在顺应人流来向且靠近建筑附近的位置。非机动车停车场、社会停车场与公交车站应分别设置,做到交通便捷、快

---

[1] 参考《汽车客运站级别划分和建设要求》(JT/T 200—2020)。
[2] 参考《车库建筑设计规范》(JGJ 100—2015)。

停快走、疏散方便。社会车辆停车场、非机动车停车场应适当考虑预留充电桩位置。停车场布置应尽量紧凑合理,灵活运用侧向停车,以减少交通面积和停车面积。独立车站和便捷车站应设置不少于 1 个无障碍机动车停车位。

4.4.4　发车区

发车区的位置应与站房候车厅联系方便,并应与停车场分开。站台设计应以方便旅客上下车、行包装卸、客车停靠为原则。发车位与站台垂直、斜向或平行布置,其中斜向发车位较利于停靠。

站房到发车区之间的站台应有利于旅客上下车和客车运转,单侧发车站台净宽应不小于 2.5m,双侧净宽应不小于 4m(图 4-10)。站台地面与发车位地面间的高差宜为 150~200mm。发车位地面应坡向外侧场地,坡度不应小于 0.5%。发车、落客站台均应设置雨棚。雨棚宜采用无柱雨棚,发车位宽度应不小于 3.9m。雨棚与站台间净空应不小于 5m,且其宽度应能覆盖整个站台及车门。

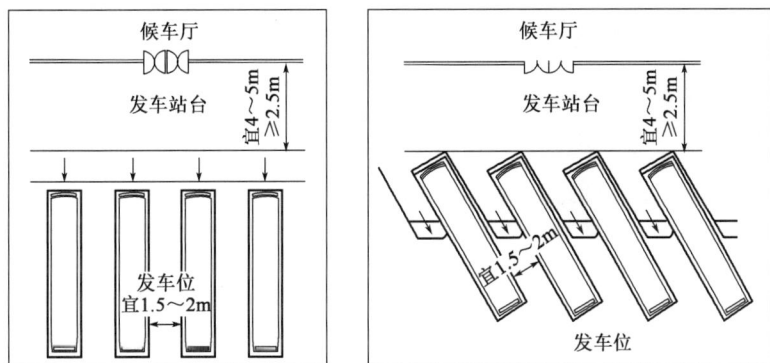

图 4-10　发车站台示意图

4.4.5　落客区

农村汽车客运站的落客区可独立设置,也可与站主体整体设置。设置位置的选择以方便乘客换乘为原则。落客区要有足够的空间,并不得干扰后面进站客车的运行。落客区包括落客站台、雨棚、落客服务设施。落客车位的数量应根据客运站运营需要确定。落客站台及雨棚设计要求与发车站台相同。落客区位置应考虑旅客出站流线,不与进站人流、车流交叉。

4.4.6　停靠点

换乘区宜预留其他交通方式站点位置,应提供公共交通、出租汽车、社会车辆及非机动车等停车服务条件,可根据所在地需求及站前广场规模预留网络预约出租汽车、定制客运车辆停靠点。

公交停靠站、出租汽车停靠点应满足现行《城市道路公共交通站、场、厂工程设计规范》(CJJ/T 15)的有关规定,社会车辆停靠点宜按照出租汽车停靠点设置,公交首末站与公交枢纽站宜按照现行《城市公共汽电车场站配置规范》(JT/T 1202)的要求设置或预留场所。

公交停靠点的长度可按所停主要车辆类型确定,停靠区宽度不应小于3m。

出租汽车采用路抛制候客服务时,应在客运站附近具备条件的道路两侧设置候客点,候客点应划定车位,树立候客标牌;每个出租汽车停靠点宜设置2~4个车位。

4.5 绿化景观

客运站景观可改善旅客候车环境,应结合功能需求和场地特征进行设计,与客运站所在城市特色空间融合,与建筑风格协调,与环境生态适应。客运站的停车场面积较大,可在地边、地角等不影响正常使用的情况下进行绿化处理。绿化应以乔木为主,采用乔木、灌木、地被植物相结合的多种植物立体配置形式,不裸露土壤;站场周边种植庇萌乔木,形成绿色屏障,起到降低噪声的效果,以植物群落为主。

绿化设计要求如下:

(1)站前广场区、换乘区、室外休息区域绿化宜与其他景观设施相结合,形成具有引导性、遮荫性的宜人空间;换乘连廊、站亭等室外设施应结合景观设置。

(2)绿化应符合行车视线和停车净空要求,树枝、树冠下缘不应影响正常行车、停车。

(3)小型车停车场可设置能提供遮阴的乔木,铺设草坪砖。

(4)应充分利用场区内原有树木,或选取适合当地自然条件、寿命较长、病虫害少、无针刺、无毒、无飞絮、无异味、具有较强观赏性的园林树种,一般以树形优美的大乔木、色叶花灌木及观花小乔木等为佳。

(5)客运站绿地应根据需要配备灌溉设施;站场绿地的坡向、坡度应符合排水要求,并与城市排水系统结合,防止绿地内积水和水土流失。

(6)客运站绿地率应符合所在地规划指标规定。客运站亮化应符合现行《城市夜景照明设计规范》(JGJ/T 163)的有关规定。

第 5 章

建筑设计

农村汽车客运站建筑设计应采用安全、节能、节地、节水、节材和环保的先进、成熟技术。农村汽车客运站的建筑设计应采取综合措施，减少噪声和污水等对环境的影响。内部交通及换乘流线简洁、便捷；建筑空间具有导向性；坚持以人为本、以客运为主的原则，服务流程高效、安全、舒适。

站房内营运区建筑空间布局和结构选型应具有适当的灵活性、通用性和先进性，并应能适应改建和扩建的需要。站房旅客入口处应留有设置防爆及安全检测设备的位置，并应预留电源。

站房与室外营运区应进行无障碍设计，并应符合现行《无障碍设计规范》(GB 50763)的有关规定。站房的节能设计应符合现行《公共建筑节能设计标准》(GB 50189)的有关规定。

5.1 站房功能组织

站房应功能分区明确，人流、物流安排合理，有利于安全营运和方便使用。站房一般包括进站厅、候车厅、售票用房、行包用房、站务用房、发车站台等(图 5-1)。

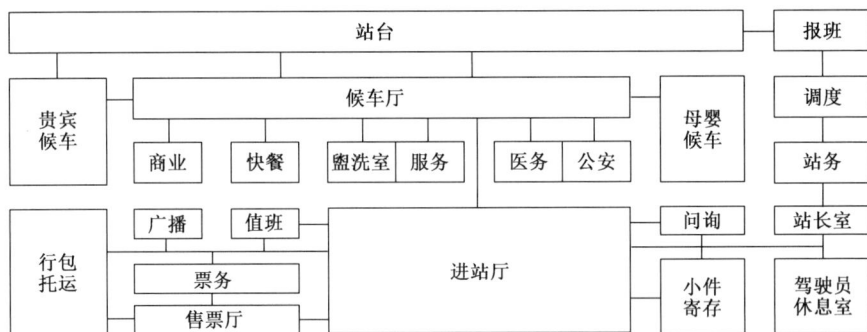

图 5-1 站房功能分区示意图

在站房选型的基础上，平面可参考图 5-2 的布局示意。

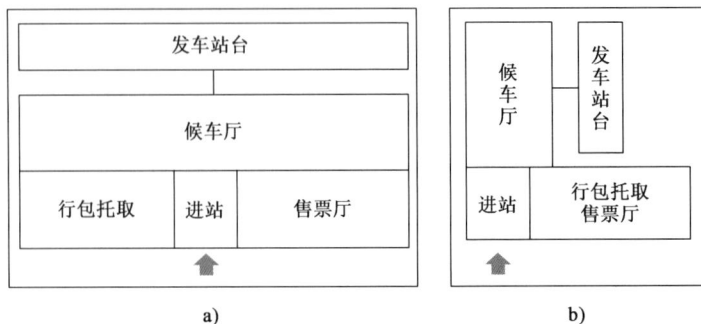

图 5-2 站房平面示意图

图 5-2a)为"一"字形布局,特点是流线简洁、流畅,空间导向性强,布局紧凑。图 5-2b)流线简洁,乘客行走距离短,沿街功能易于与周边功能衔接。

5.2 进站厅

进站厅联系售票厅、候车厅、行包托取厅等功能区,主要功能是进站人流的集散,规模大一点的客运站会设置问讯、安检、小件寄存区域等。进站厅平面布置应根据整体布局确定平面形态,不宜采用圆形、扇形等汇聚性较强、方向性较弱的平面布置形式。

5.3 候车厅

5.3.1 候车厅设计要求

(1)候车厅主要布置候车、检票、公安值班、医疗救护、小卖部、盥洗室等功能,与发车站台联系密切,如图 5-3 所示。

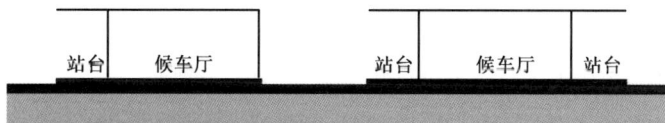

图 5-3 候车厅与站台关系示意

(2)独立车站有条件的可以设置母婴候车区;候车厅多采用线性平面,以利于发车位的布置。

(3)候车厅(室)的室内空间应符合采光、通风和卫生要求,无障碍设施要符合相关规范要求。

(4)候车厅为人员密集的公共场所,有关消防、疏散事项,详见第 8 章。

(5)候车厅应按不少于客运站旅客最高聚集人数的 35% 配置座椅数量。候车厅内座椅宜分组设置,其排列方向应有利于旅客通向检票口,检票口前通道宜放宽且应大于等于检票口宽度。每排座椅不应多于 20 座,座椅间走道净宽应≥1.3m,两端通道净宽应≥1.5m。每 3 个发车位不得少于 1 个检票口,检票口前设柔性或可移动式导向栏杆。

（6）候车厅室内墙面应为相关标识系统设施和信息系统设施提供适宜的布置和安装条件。

（7）当采用自然通风时，候车厅室内净高不应低于3.6m。在实际工程中，进站厅多采用高大空间设计，为整个客运站的核心、标志性空间。候车厅室内净高一般不低于发车站台雨棚高度。

（8）若设置母婴候车室（区），其面积应满足放置婴儿床、婴儿车以及设置专用厕所、换尿布平台等设施的需要。

5.3.2 候车厅（室）面积

候车厅（室）面积大小往往是汽车客运站规模的一项具体指标，候车厅（室）面积依据设计年度旅客最高聚集人数乘以$1.0 \sim 1.5 m^2$/人取值，按式（5-1）计算：

$$S_2 = d \times D \tag{5-1}$$

式中：S_2——候车厅（室）面积（m^2）；

d——系数（m^2/人），取值为$1.0 \sim 1.5 m^2$/人；

D——旅客最高聚集人数（人）。

5.3.3 候车形式

独立车站和便捷车站的旅客、班次均较少，因此候车形式及其构成的平面较简单，常见有两种候车形式，一种为单侧候车，一种为双侧候车，如图5-4所示。

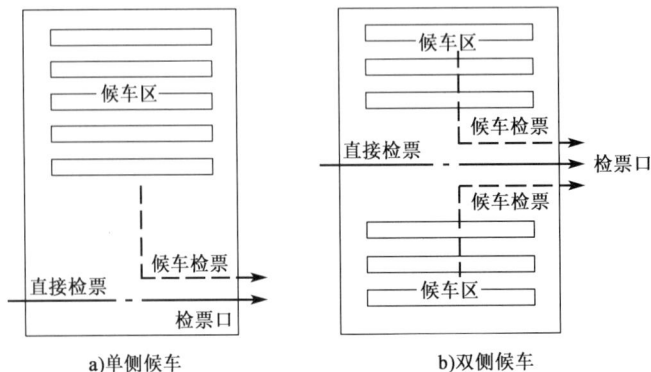

图5-4 候车形式

5.4　售票处(厅)

独立车站售票处(厅)可与候车厅合用,其设计要求如下:

(1)自然通风时,售票处(厅)高度应≥3.6m。

(2)售票处面积由购票区面积和售票区面积组成,其面积按式(5-2)~式(5-5)计算:

$$S_3 = S_4 + S_5 \tag{5-2}$$

$$S_4 = 20.0 \times W \tag{5-3}$$

$$S_5 = 6.0 \times (W - Z) + 15.0 \tag{5-4}$$

$$W = D/G \tag{5-5}$$

式中:S_3——售票处面积(m^2);

　　S_4——购票区面积(m^2);

　　S_5——售票区面积(m^2);

　　W——售票窗口(含自助售票机、取票机)数量(个);

　　Z——自助售票机、取票机数量(台);

　　G——每窗口每小时售票张数(张)。

(3)售票窗口的中心距应≥1.5m;靠墙窗口中心距墙边应>1.2m;售票窗口窗台距地面高度宜为1.1m,窗口宽度宜为0.5m。

(4)售票窗口前宜设导向栏杆,栏杆高度不宜低于1.2m,宽度宜与窗口中距相同。

(5)设自动售票机、取票机时,其使用面积应按4.0m^2/台计算,并应预留电源;窗口前1m处设等待提示线。

(6)售票台尺度多采用1.1m(高)×0.6m(宽),上方玻璃隔断高度宜≥2m。

(7)售票室面积指标为每一窗口不小于5m^2,且最小使用面积不宜小于14.0m^2;室内进深不小于4m,工作区地面至售票窗口台面高度宜≤0.8m。

(8)售票室应有防盗设施,且不应设置直接开向售票厅的门(图5-5)。

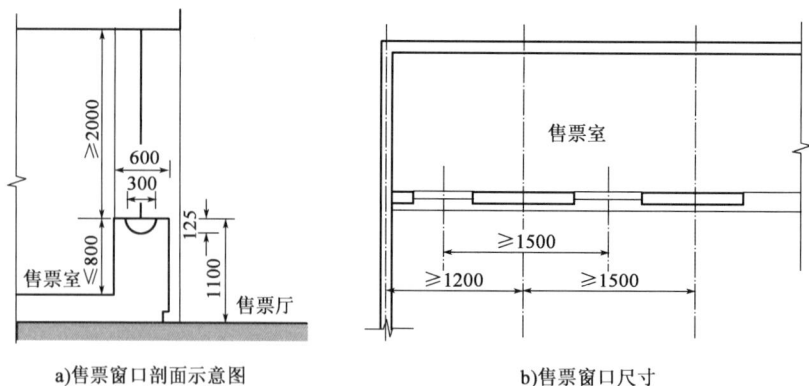

a)售票窗口剖面示意图　　　　　　　b)售票窗口尺寸

图 5-5　售票窗口尺寸与示意图（尺寸单位：mm）

5.5 公共卫生间

旅客卫生间设计应体现人性化设计，入口不设门，宜设缓冲前室，设计满足下列要求：

（1）等级车站工作人员与旅客使用的卫生间应分设，其他类型车站的卫生间可合并设置；

（2）卫生间服务半径不宜大于 50.0m；

（3）旅客卫生间应按性别设置成人和儿童便器、盥洗台等卫生洁具，大小便分区；

（4）应设置无障碍卫生间，并宜设无性别卫生间，无性别卫生间可与无障碍卫生间合用；

（5）卫生间应合理布置各类卫生洁具，满足使用过程中的各种尺寸要求，并便于清洁；

（6）卫生间蹲位布置、门窗洞口位置及镜面设计应注意视线遮挡；

（7）厕位按性别及坐、蹲、儿童、无障碍等不同形式，在进出口处应有清晰标识，每个厕位应编号；

（8）旅客卫生间的小便器和盥洗盆下方宜设置有盖排水明沟；

（9）卫生间地面、厕位台面、小便池及墙裙均应采用不透水材料，地面材料宜采用深色、防渗、防滑材料，室内墙面应光滑易清洗，器具应安全耐久；

（10）卫生间地面排水坡度不应小于 1.0%，并应设置水沟或地漏。

独立设置的盥洗室面积可按 10.0～30.0m² 取值。严寒和寒冷地区客运站的盥洗室面积，宜满足设置热水供应系统的需要，面积根据旅客最高聚集人数计算。

男厕所面积按式（5-6）计算：

$$S_6 = 1.2 \times s \times D + 15.0 \tag{5-6}$$

式中：S_6——男厕所面积（m²）；

s——系数,取 $4\% \sim 6\%$ 。

女厕所面积按式(5-7)计算:

$$S_7 = 2.0 \times s \times D + 15.0 \qquad (5\text{-}7)$$

式中: S_7——女厕所面积(m^2)。

第三卫生间(无性别卫生间)面积应满足现行《城市公共厕所设计标准》(CJJ 14)的有关规定。

公共卫生间宜包括厕位区、盥洗间、工具间等用房。其设施要求见表5-1的规定。

公共卫生间设施设备配置表 表 5-1

设施		单位	要求	备注
厕位区	男女厕位数量	个	如厕人数小于100人/h,男厕2个厕位,女厕4个厕位;每增加60人/h,男厕增设1个厕位,女厕增设2个厕位	
	坐便器	个	男女厕所分别设置,各不少于1个	
	无障碍(无性别)厕所	间	≥1	每间使用面积不小于 $8m^2$
	挂钩	个/厕位	≥1	
	安全抓杆	个	男厕蹲便厕位、小便厕位、女厕蹲便厕分别不少于1个	
盥洗间	洗手盆	个	8个及以下厕位不应少于2个;9个及以上厕位时,每增加4个厕位增设1个	男女厕所宜分别计算设置
	冬季温水洗手盆	个	男女分设的盥洗区不应少于1个温水洗手盆,男女合用盥洗区不应少于2个温水洗手盆	
	干手设备	个	≥2	
	洗手液容器	个	每2个洗手盆应设置1个	干手用时为10s以下
工具间		m^2	≥4	
标识			厕位门应显示厕位"有人""无人"状况	

5.6 其他用房

有条件布置综合服务处、小件(行包)服务处、医疗救护室、饮水处等其他站务用房时,面积可参考表5-2配置,或按下面的面积计算公式计算。

房间面积参考表 表 5-2

项目		独立车站	便捷车站	招呼站	备注
候车厅(亭) (m²)		≥90	≥30	○	包括座椅、班次牌、检票隔离栏等;招呼站设候车亭
售票区	售票窗(个)	≥1	○	—	
	售票厅(m²)	≥45	○	—	应布置自助售、取票机位
	售票室(m²)			—	售票室内应设票据间
小件(行包)服务处	托运处(m²)	≥10	○	—	
	提取处(m²)			—	
站务员室 (m²)		≥25	—	—	宜留有配备针线包、行包推车、雨伞、无障碍工具等便民设施的空间
驾乘休息室(m²)		≥20	○	—	
饮水处(m²)		≥10	○	—	
公共卫生间 (含盥洗室)	男(m²)	≥20	≥15	—	
	女(m²)	≥30	≥20	—	

注:建筑用房面积为使用面积;"○"表示视情况配置;"—"表示不做要求。

(1)综合服务处。

综合服务处面积包括问讯、广播、寄存、邮电通信、失物招领、信息服务设施等的面积,根据设计年度平均日发量,按式(5-8)计算:

$$S_8 = 0.02 \times F \qquad (5-8)$$

式中:S_8——综合服务处面积(m²);

F——日发量(人次)。

(2)小件(行包)服务处面积应满足客运站小件快运业务时设置托运厅、受理作业室、小件库房、提取处等的需要。

(3)治安室面积按 10.0 ~ 20.0m² 取值。

(4)医疗救护室面积按 10.0 ~ 20.0m² 取值。

(5)饮水处面积按 10.0 ~ 30.0m² 取值。

(6)无障碍设施中无障碍通道、无障碍扶手、平台、洗手间、座位、盲文标识处和音响提示处等设施的面积,应满足现行《无障碍设计规范》(GB 50763)的有关规定。

(7)旅游服务处的信息咨询、旅行社与景区驻站办公、景区售票、游客投诉、等候服务等设施类型及其面积,应满足现行《城市旅游集散中心等级划分与评定》(GB/T 31381)的有关规定。

(8)站务员室面积按式(5-9)计算:

$$S_9 = 2.0 \times H + 15.0 \tag{5-9}$$

式中:S_9——站务员室面积(m^2);

   H——当班站务员人数(人)。

(9)智能化系统用房的面积,应满足客运站建设站务管理信息系统、客运联网售票系统、网络信息服务、网络安全系统、车辆调度与管理系统等的需要。

(10)驾乘人员休息室(含安全警示室)面积按式(5-10)计算:

$$S_{10} = 3.0 \times M \tag{5-10}$$

式中:S_{10}——驾乘人员休息室面积(m^2);

   M——发车位数。

(11)进、出站检查室分别按10~20m^2取值。

(12)办公用房面积视客运站机构设置和进驻业务单位等实际情况确定,宜按办公人员每人4m^2取值。

(13)汽车安全例检台(沟、室)面积根据检测项目与检测方式,按每台位80.0~120.0m^2取值;车辆清洁、清洗处面积按每台位90~120m^2取值;车辆维修处面积应满足综合小修和专项维修的需要。

其他设施面积根据客运站实际情况确定。

5.7 节能与环保

5.7.1 节能要求

(1)客运站设计应充分考虑可再生能源利用,太阳能利用、绿色建筑等级等,客运站应按照现行《绿色交通设施评估技术要求》(JT/T 1199.4)进行建设。

(2)售票厅应有良好的自然采光和自然通风,其窗地面积比应符合现行《建筑采光设计标准》(GB/T 50033)的规定。严寒和寒冷地区的交通客运站售票室的地面,宜采取保温措施。

（3）站内其他用房宜充分利用自然采光和自然通风,外窗采光标准值和窗地面积比应符合现行《建筑采光设计标准》(GB/T 50033)的规定,外窗窗墙比、通风开口面积应符合现行《公共建筑节能设计标准》(GB 50189)的规定。

（4）客运站建设应为可再生能源利用创造条件,新建客运站应安装太阳能系统。

5.7.2 室外环境设计要求

（1）对场地内有生态及人文价值的地形、地貌、水系、植被等予以保护;确实需要改造的,在工程结束后应进行生态复原。

（2）客运站的建筑物、构筑物不应对周围环境产生光污染、噪声污染、空气污染,不应影响周围建筑的日照。

（3）客运站与周边污染源的距离应符合安全卫生方面的相关规定。

（4）建筑风格和景观风格宜体现地域特色,并宜妥善处理与有特殊意义的相邻建筑物、构筑物和自然景观的关系。

5.7.3 室内环境设计要求

（1）农村汽车客运站室内建筑材料和装修材料所产生的室内环境污染物浓度限量应符合现行《民用建筑工程室内环境污染控制规范》(GB 50325)的规定。站房的吸声、隔热、保温等构造,不应采用易燃及受高温散发有毒烟雾的材料。

（2）候车厅、售票厅等室内空间应采取吸声降噪措施,背景噪声的允许噪声值(A声级)不宜大于55dB,地面面层防滑性能应符合现行《建筑地面工程防滑技术规程》(JGJ/T 331)的规定。

（3）农村汽车客运站室内环境应符合现行《建筑环境通用规范》(GB 55016)的规定。

5.8 平面布局示意

5.8.1 独立车站

在设计平面时,等级较高的独立车站可以参考图5-6、图5-7的平面布局形式。

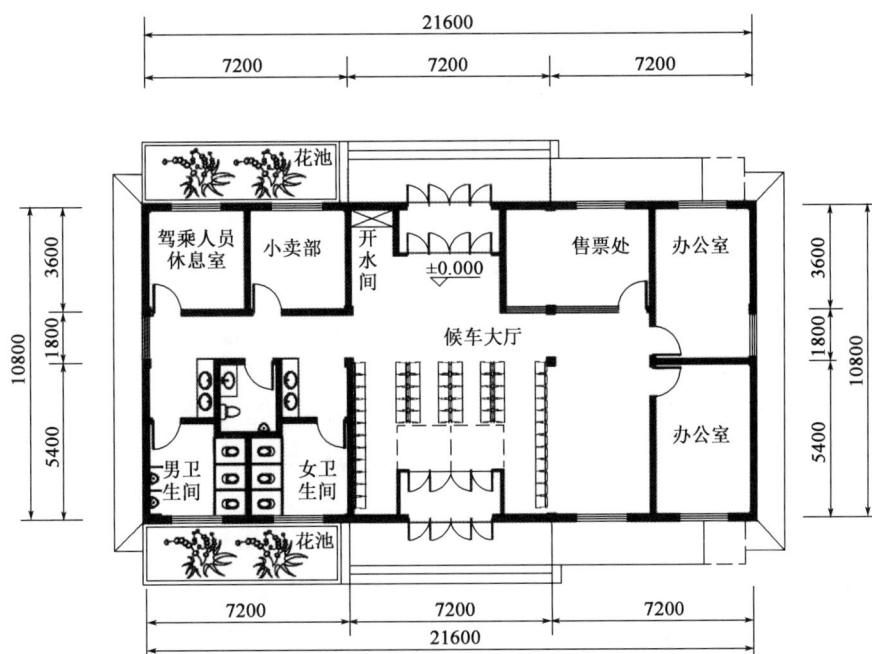

图 5-6 "一"字形客运站平面方案参考（尺寸单位：mm）

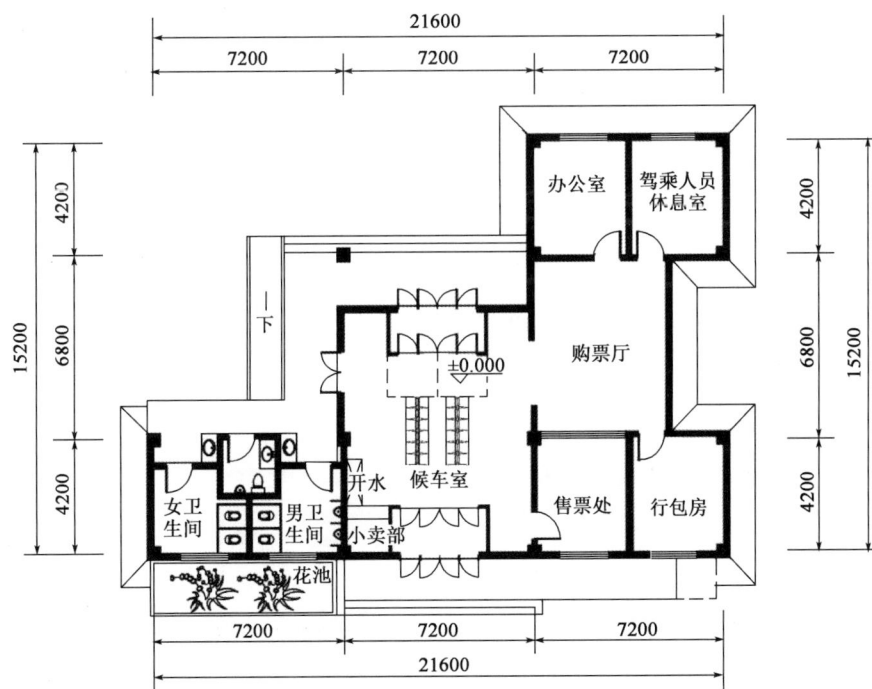

图 5-7 "L"形客运站平面方案参考（尺寸单位：mm）

5.8.2 便捷车站

便捷车站可以参考图 5-8 的平面布局形式。

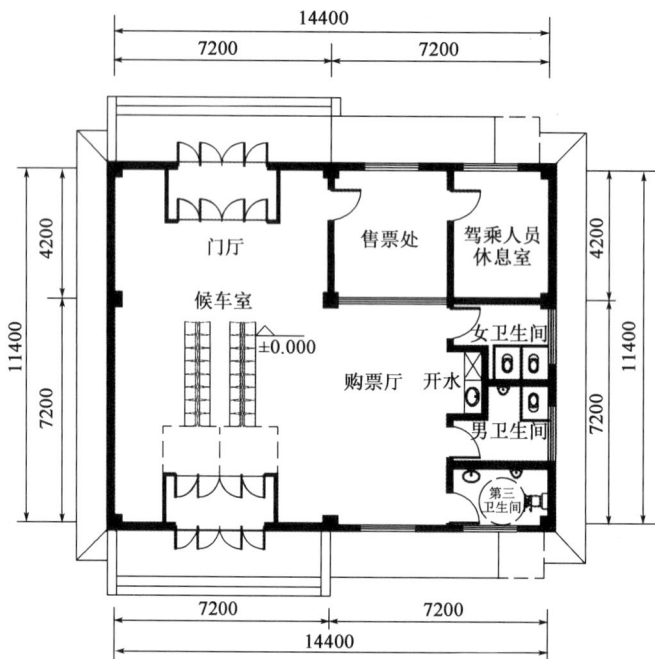

图 5-8 便捷车站平面方案参考（尺寸单位：mm）

5.8.3 招呼站

1）候车亭

候车亭的主要构成包括候车亭主体、（电子）站牌、座椅、垃圾箱等配套设施。候车亭的设计要求如下：

（1）候车亭设施必须防雨、抗震、防风、防雷。

（2）候车亭内应设置夜间照明装置。

（3）候车亭的高度不宜低于 2.5m，候车亭顶棚宽度不宜小于 1.5m，且与站台边线竖向缩进距离不应小于 0.25m，可参考图 5-9 和图 5-10。

（4）候车亭的建筑式样、材料、颜色等可根据本地的建筑特点和特定环境特征设计，宜做到实用与外形美相结合。

（5）站台长度不宜小于 35m，宽度不宜小于 2m，且应高出地面 0.20m；首站站台应适量设置座椅。

（6）站牌的设计要求应符合现行《城市公共交通标志　第3部分：公共汽电车站牌和路牌》（GB/T 5845.3）的规定。

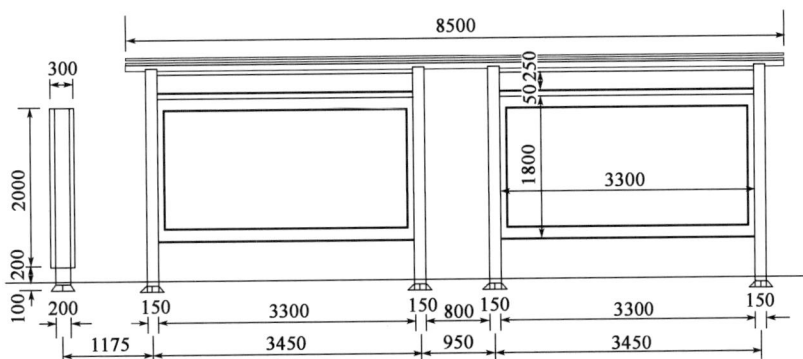

图5-9　招呼站候车亭立面图（一）（尺寸单位：mm）

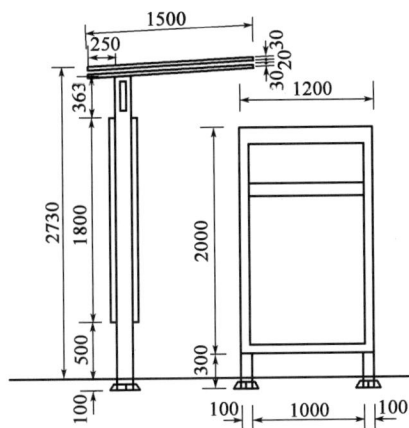

图5-10　招呼站候车亭立面图（二）（尺寸单位：mm）

2）招呼站牌

招呼站牌设计应符合现行《城市公共交通标志　第3部分：公共汽电车站牌和路牌》（GB/T 5845.3）的规定。招呼站牌一般为独立站牌，设置在公路两侧明显的位置，设计要求如下：

（1）形状应为带小圆角的矩形，长宽比应为1∶0.618或1∶0.5，可根据需要按比例制作。

（2）材料采用金属薄板，牌面颜色总数不应超过4种，各种颜色的搭配不应影响色盲和色弱者对文字和图形的辨认，底板色一般为白色。

（3）招呼牌底边距地面不应小于1700mm。

（4）在站台设置站牌应符合站台的限界要求。在路边设置站牌时，牌面应与车行道垂直，其侧边距路缘石的距离不应小于300mm；牌面面向车行道的站牌，其牌面距路缘石的距离不应小于500mm。

第 6 章

标志系统

6.1 一般规定

标志系统是客运站设计的重要组成部分,分为交通标志系统和公共信息标志系统两部分。标志系统宜应根据整体规划、交通流线和功能关系委托专业的设计方完成。标志应结合建筑形式、流线及交通组织要求进行考虑,标志应清晰、简洁、连续、无歧义、易区分,不应相互矛盾。标志应符合昼、夜、雨、雪、雾等不良气候条件下的视认性规定。标志设置不应影响行车和停车视距。标志的正面或其邻近处不应有妨碍人们视读的障碍物,高度不应被临时性物体或人群所遮挡。

建筑设计方宜在方案设计阶段即考虑标志系统设计,并随初步设计、施工图设计阶段同步深化。施工图设计时应充分考虑其设计、施工要求,并预留好条件。客运站的标志系统设计相关主要规范见表6-1。

相关规范编号和名称   表6-1

序号	规范名称	规范编号
1	公共信息导向系统 导向要素的设计原则与要求 第1部分:总则	GB/T 20501.1—2013
2	公共信息导向系统 导向要素的设计原则与要求 第3部分:平面示意图	GB/T 20501.3—2017
3	标志用公共信息图形符号 第1部分:通用符号	GB/T 10001.1—2012
4	标志用公共信息图形符号 第3部分:客运与货运	GB/T 10001.3—2021
5	标志用公共信息图形符号 第9部分:无障碍设施符号	GB/T 10001.9—2021
6	交通客运图形符号、标志及技术要求	JT/T 471—2002
7	道路交通标志和标线 第3部分:道路交通标线	GB 5768.3—2009

6.1.1 交通标志系统设计要求

交通标志系统设计应符合下列规定:

(1)应依据交通组织的要求,在需要禁止、限制车辆交通行为的地方设置禁令标志。

(2)在需要指导驾驶人驾驶行为的地方设置指示标志。

(3)在存在危险的区域设置警告标志;标线应具有耐久性和防滑性。

6.1.2 公共信息导向系统设计要求

公共信息导向系统应符合下列规定:

（1）客运站应具有导向标志引导旅客进入、离开及转换功能空间，通过服务导向标志引导旅客利用服务功能。

（2）站房或其附近适当位置应设置站名标志及售票、候车等主要功能区名称标志。

（3）站前广场主要入口位置宜设置所在地街区导向图，注明本站位置。

（4）站房内根据需要设置平面示意图、信息索引标志和相关导向标志。

6.2　设计原则

为了在客运站提供准确、快捷、便利、明晰的导向服务，客运站标志的设计与使用要遵循以下原则。

6.2.1　标志本体的醒目性

标志在站内的设置要显而易见，避免遮挡，方便乘客在其所处的环境中快速辨识标志。

6.2.2　标志信息的易辨性

标志信息内容要主次分明、清晰明了，符合视觉要求及阅读习惯。

6.2.3　标志布局的合理性

标志位置、形式、数量、设置方式要根据乘客流线、要传递的信息和建筑空间效果要求合理选择。

6.2.4　标志系统的整体性

标志系统要整体规划，与建筑结构、装修和服务设备设施有机融合，发挥综合效应。标志材质、形式、规格、色彩要总体一致，并与建筑空间效果相协调。

6.2.5　传递信息的连续性

站内标志的设置要充分考虑乘客流线、主次要求，合理布局，通过标志间的前后呼应，信息的关联匹配或连续设置等方式,实现信息持续传递。

6.3 安装方式

    农村客运场站标志本体根据设置安装方式不同,可分为附着式、吊挂式、悬挑式、落地式、移动式、嵌入式六种类型,详见表6-2。

标志本体设置安装方式   表6-2

图示		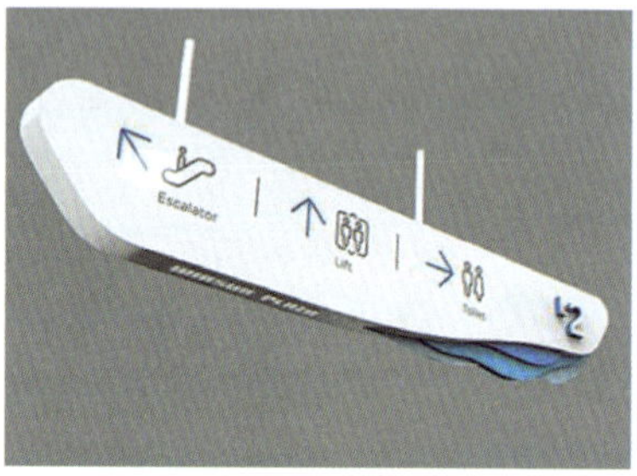
安装方式	附着式:标志背面直接固定在物体上的设置方式	吊挂式:与建构筑物顶部连接固定的悬空设置方式
图示		
安装方式	悬挑式:与建构筑物墙壁连接固定的悬挑设置方式	落地式:固定在地面的设置方式
图示		
安装方式	移动式:可移动放置的设置方式	嵌入式:标识固定在建(构)筑物墙壁或地面上的设置方式

6.4　标志布置方式

标志在布置时应满足下列要求：

（1）标志版面设计中的箭头、图形符号、中文、英文、少数民族语言和数字宜按重要程度从左到右，横排横写。中文在上，英文等外文或少数民族语言在下。当箭头向右时，标志中的箭头、图形符号、中文、英文、少数民族语言和数字按重要程度从右到左排列，如图6-1所示。

图6-1　图形符号、字等布置方式

（2）标志中图形符号、中文和英文尺寸及其与标志边缘的距离要求如图6-2所示。长度大于1.2m时，宽度可适当增加。

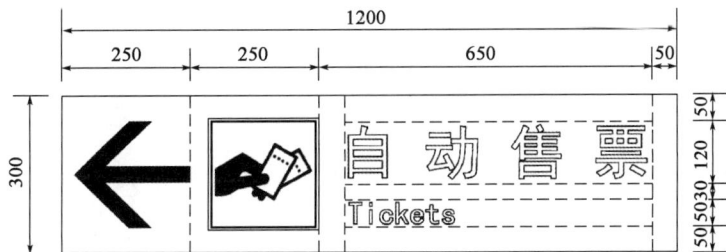

图6-2　悬挂式或悬臂式标志布置方式（尺寸单位：mm）

（3）作为导向标志单独使用图形标志时，应与方向标志配合显示在标志牌上，如图6-3所示。

（4）方向标志后面可加一个以上图标志和适当空位，以不超过四个为宜，如图6-4所示。

（5）并列设置的引导两个不同方向的标志之间，应至少有一个适当的空位，如图6-5所示。

（6）设置含有方向性的图形标志时，应避免其方向与实际场景的方向相矛盾，可使用标志的镜像来解决这一矛盾，如图6-6所示。

图 6-3　导向标志布置方式

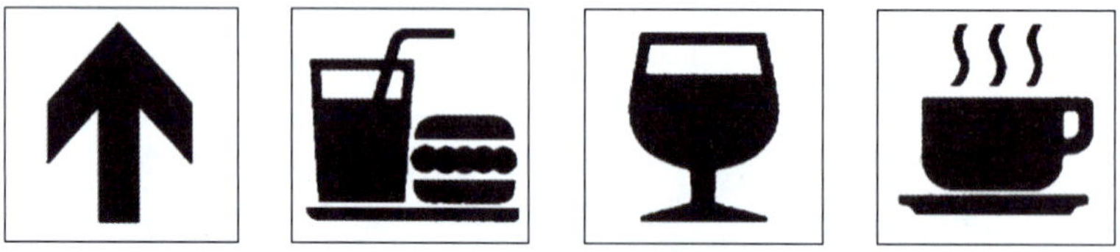

图 6-4　方向标志布置方式

图 6-5　并列标志布置方式

（7）在一个大标志牌上有多项信息和几个方向时，按下列规定设置，如图 6-7 所示。

图 6-6　标志镜像

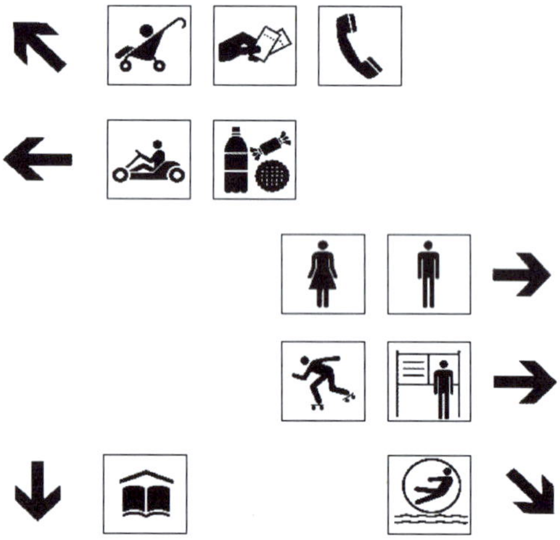

图 6-7　多项信息标志布置方式

①最多 5 行；

②箭头符号指向为向上、左上、向左、向下的导向标志宜靠左面布置，箭头符号指向为右上、向右、右下的导向标志宜靠右面布置。

6.5 标志版面规格

标志版面可按下列规格设计:

(1)图形标志应以标志传递的信息所要保证的最大观察距离为准,设置在最容易看见的地方;标志宜设置在与旅客视觉正常方向的中心线偏移 5°的范围内,条件不允许时应设置在与旅客视觉正常方向的中心线偏移 15°的范围内。

(2)对于一组相同方向的符号,几个符号之间的最小距离应为符号宽度的 0.2 倍,如图 6-8 所示。

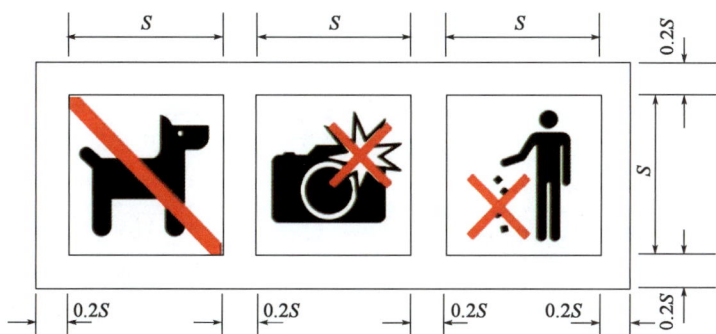

图 6-8　符号距离

(3)标志应尽可能突出图形符号,不设或少设文字,所设文字应符合下列规定:

①只有在没有合适的图形符号可表达所要传递的信息时,才可仅使用文字作为提示标志,或与箭头结合组成导向标志;

②不应在图形内添加文字;

③文字总高度不大于图形标志高度的 0.6 倍;

④英文字体均采用黑体,英文用大小写混合字母来表示;

⑤中英文同时设置时,中文在上方,英文的高度应小于中文;

⑥与导向箭头组合时,文字不应位于箭头的头部,不应置于图形标志与箭头之间。

(4)客运站标志的基准色应使用蓝色,该颜色的标号为 2.5B 4/10(PANTONE:540C。CMYK:C100,M60,Y0,K50)。当客运站标志兼具有禁止、警告或与消防安全有关的含义时,则标志背景色应使用相应的安全色。禁止标志、警告标志、消防安全标志的颜色应符合现行《图形符号　安全色和安全标志　第1部分:安全标志和安全标记的设计原则》(GB/T 2893.1)的有关规定。

6.6 标志尺寸

(1)标志的尺寸规格应根据标志所要传递信息的视距要求及标志所设置的环境条件(场景的大小及标志所设置的位置)具体确定。

(2)在符合标志的视距和设置位置的空间要求的前提下,在同一场所内的客运站标志高度宜相同,标志长度的规格应尽可能少。

(3)客运标志的高度可从 150mm、300mm、350mm、500mm 等规格中选取;长度可从150mm、300mm、350mm、500mm、600mm、900mm、1200mm、1500mm、2400mm 等规格中选取。

(4)客运站中标志的设置宜采用模块化组合形式设置,在同一场所中,同类型标志的规格宜相同,以便于标志间的组合和替换。客运站使用的标志在结构、材质以及标志维护等方面应符合现行《公共建筑标识系统技术规范》(GB/T 51223)的有关要求。

6.7 公共信息标志系统分类

客运站的公共信息标志系统主要包括公共信息导向系统、无障碍标志系统、安全信息系统及相关换乘、运营、公益、环境卫生、商业服务等其他信息标志系统。

6.7.1 公共信息导向系统

(1)位置标志示例。

客运站站名宜设置在站房顶部等醒目位置,应在站名前设交通统一标识,宜采用中文形式,如图6-9所示。

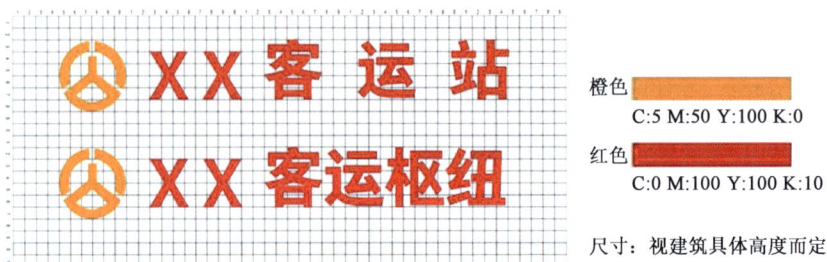

图6-9 站名标志示例

（2）功能区名称标志示例。

功能区名称标志示例如图6-10所示。

图6-10 功能区名称标志示例

（3）导向标志示例。

导向标志设计应具有连续性，在客运站内旅客流线上所有需要做出方向选择的位置，如长通道、交叉点、拐弯处等，均应设置导向标志，如图6-11所示。

图6-11 导向标志示例

6.7.2 无障碍标志系统

在主要出入口、无障碍通道、停车位、建筑出入口、卫生间等无障碍设施的位置，应设置无障碍标志（表6-3），无障碍标志应符合下列规定：

（1）无障碍标志应根据现行《无障碍设计规范》（GB 50763）、《建筑与市政工程无障碍通用规范》（GB 55019）的规定，形成连贯的无障碍通行指引，满足全龄无障碍的服务要求；

（2）无障碍出入口、无障碍坡道、无障碍玻璃门、无障碍楼梯、无障碍电梯、无障碍售票窗口、无障碍卫生间、无障碍厕位、无障碍停车位、升降平台等无障碍设施应根据需要设置视觉、触觉、听觉等相应标志。

无障碍标志   表6-3

标志				
说明	无障碍设施：表示供残疾人、老年人、伤病人及其他有特殊需求的人群使用的设施，也表示轮椅使用者	无障碍通道：表示供残疾人、老年人、伤病人等行动不便者使用的水平通道	无障碍坡道：表示供残疾人、老年人、伤病人等行动不便者使用的坡道	无障碍停车位：表示供残疾人、老年人、伤病人等行动不便者使用的停车位
标志				
说明	无障碍卫生间：表示供残疾人、老年人、伤病人等行动不便者使用的卫生间	视力障碍：表示视力障碍者或供视力障碍者使用的器具和设备	听力障碍：表示听力障碍者或供听力障碍者使用的设施	行走障碍：表示行走困难者或借助步行辅具行走者使用的设施

6.7.3 安全信息系统

安全信息识别系统根据站场具体布局由安全标志、安全标记、疏散平面图、应急导向系统等配合使用形成，确保站场空间人身安全与健康。消防安全标志应符合现行《消防安全标志 第1部分：标志》（GB 13495.1）的规定，按规定公示"道路客运车辆禁止、限制携带和托运物品目录"，治安室标志应符合其行业标准。

（1）劝阻标志示例。

该标志用于限制客运站中旅客的某种行为。劝阻标志通常设置在客运站内公共场所的进口或相关设施处，如图6-12所示。客运站中常用的劝阻标志主要有：请勿吸烟、请勿翻越、请勿通过、请勿躺卧等。劝阻标志的尺寸宜为 400mm×400mm。

图 6-12 劝阻标志示例

（2）禁止标志示例。

禁止标志示例如图 6-13、图 6-14 所示。

图 6-13 禁止携带危险品标志示例

图 6-14 禁止标志示例

（3）警告标志示例。

警告标志示例如图 6-15 所示。

图 6-15

图 6-15　警告标志示例

6.7.4　其他信息标志系统

其他信息标志符合下列规定:营运场所应按规定公布运输营运线路图、配客站点图、班次时刻表、里程票价表、平面示意图(图 6-16)、街区导向图(图 6-17)等信息;环境卫生图形符号应符合现行《环境卫生图形符号标准》(CJJ/T 125)的规定;应根据所在地相关要求在醒目的位置设置公益性标志,宣传文明风尚;商业服务标志宜与其他标志协调。

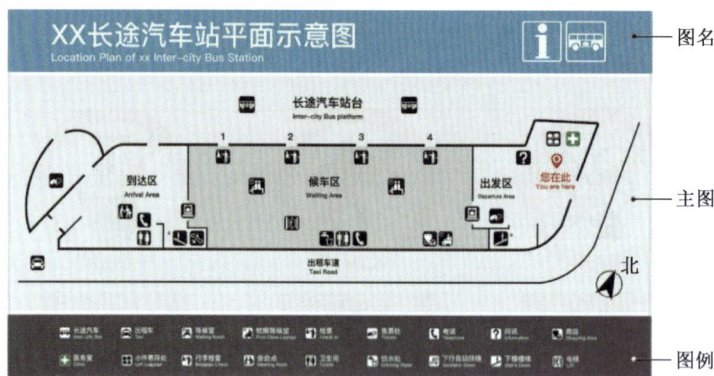

图 6-16　平面示意图

注:主要用在站房内,用于从整体上引导乘客寻找客运场所的站房内及临近的各种乘客服务场所和设
　　施。通常由图名、平面图和图例三部分组成。

6.7.5　形象识别系统建设

汽车客运站应当在显著的位置标明站名和主标志,站名和主标志应当满足本书形象识别规范的规定。站区内应对各功能区进行有效标示,所有标志应当符合本书形象识别规范的规定(图 6-18)。

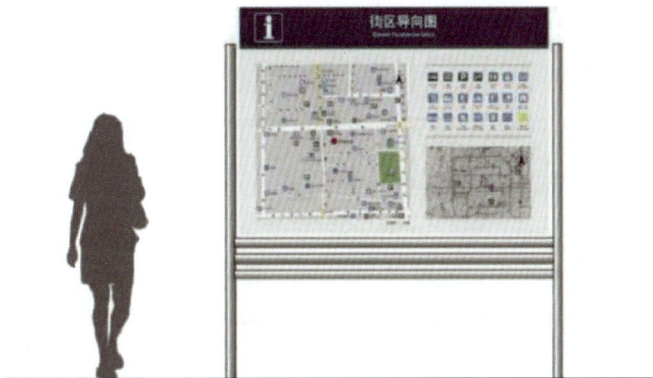

图 6-17 街区导向图

注：主要用在客运场所出口处，用于显示该场所周边的道路信息、主要建筑物信息、主要公共场所信息以及能够与该交通客运场所衔接换乘的其他交通信息（如公交车站等）。通常由图名、主图、辅图和图例四部分构成。

灰色：PANTONG值 灰色：423C
    CMYK值 C:0 M:0 Y:0 K:70
橙色：PANTONG值 橙色：021C
    CMYK值 C:0 M:75 Y:100 K:0

PANTONG 灰色423C
C:0 M:0 Y:0 K:70

PANTONG 橙色423C
C:0 M:75 Y:100 K:0

COACH
STATION

黑白稿：

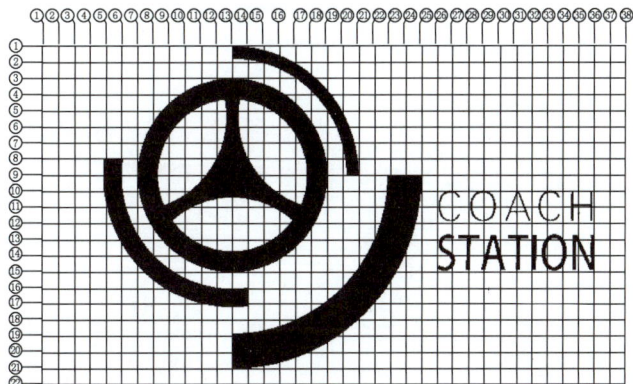

材料：透光亚克力板　光源：超白光发光二极管(LED)　尺寸：视具体建筑高度确定

图 6-18 汽车客运站站标示意图

汽车客运站站名规范使用范例如图 6-19 所示。

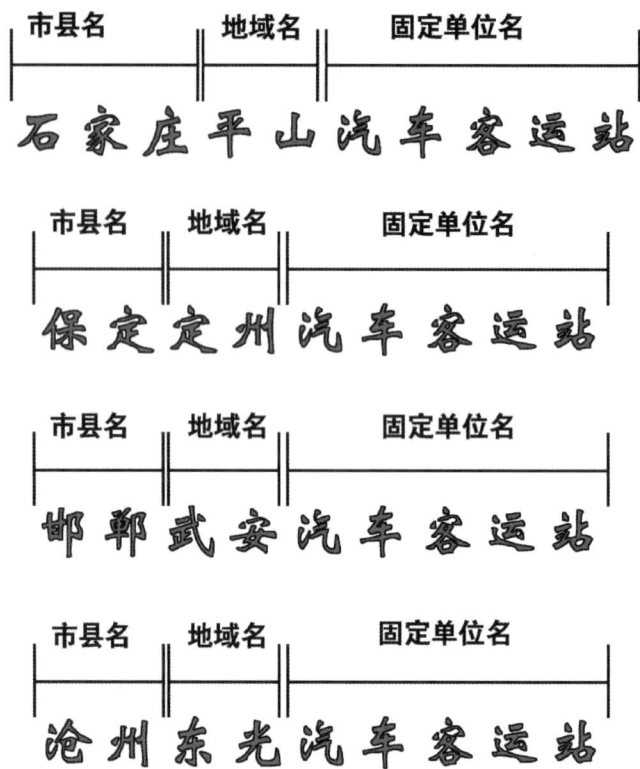

市县名	地域名	固定单位名

石家庄平山汽车客运站

市县名	地域名	固定单位名

保定定州汽车客运站

市县名	地域名	固定单位名

邯郸武安汽车客运站

市县名	地域名	固定单位名

沧州东光汽车客运站

字体：魏碑　色彩：橙色　高：宽=1：0.9　材料：透光亚克力板
光源：超白光发光二极管(LED)　尺寸：视具体建筑高度确定

图 6-19　汽车客运站站名规范使用范例

第7章

人性化设施和智能化系统配置

7.1 人性化设施配置

7.1.1 无障碍设计

农村汽车客运站无障碍设计应满足以下要求:

(1)站前广场人行通道的地面应平整、防滑、不积水,有高差时应做轮椅坡道。

(2)建筑基地内设有停车场的,应设置不少于1个无障碍机动车停车位。

(3)室外人行通路内侧设有路缘石,在路口应设单面坡全宽式缘石坡道,坡道的坡度不得大于1∶20。室外人行通路设有台阶时,应同时设轮椅坡道和扶手,坡道的坡度不应大于1∶16。

(4)设计合理的步行通道、无障碍通道和无缝连接的交通设施,让乘客容易进出站点,给乘客提供便利的交通接驳服务。

(5)建筑物至少应有1处无障碍出入口,宜设置为平坡出入口,且宜位于主要出入口处。

(6)门厅、售票厅、候车厅、检票口等旅客通行的室内走道应为无障碍通道。

(7)行包托运处(含小件寄存处)应设置低位窗口。售票处、服务台、公用电话、饮水器等应设置低位服务设施。

7.1.2 室外人性化设施

1)室外座椅和遮阳设施
应在室外设置舒适的座椅和带有遮阳功能的庇护所,供乘客休息和等待接驳交通工具。

(1)在站台设置遮阳设施、座椅和安全警示标志,使乘客在候车时有一个舒适的休息环境。

(2)挡雨棚:挡雨棚的宽度宜为1650mm,可根据站台的长宽调整挡雨棚的大小。

(3)临时座椅:宜结合地域人文、环境特色,在站前广场建设一定数量的临时座椅。临时座椅设计高度为400~420mm。

2）广告宣传区设计

（1）加强对公交站台广告区的管理力度,定期派人维护;

（2）增强广告载体的趣味性、娱乐性;

（3）宜设置电子媒体展示广告,以提高人们与广告区乃至公交站台的互动性;

（4）适当提高公益广告的比例。

3）自行车停车点

为骑行的乘客提供自行车停车点,方便他们停放自行车,并提供安全设施,防止自行车被盗。

7.1.3 室内人性化设施

农村汽车客运站可根据站级和需求设置部分室内人性化设施:

（1）商业餐饮移动点:可在候车厅一侧设置既服务于客运站旅客,又服务于非客运站换乘旅客的移动商业或快餐点。

（2）特色农产品展示区:为促进农产品销售和乡村旅游发展,客运站可利用其地理位置优势,在站内设立特色农产品展示区或销售点,供乘客购买和品尝。

（3）咨询台和服务热线:设立咨询台,提供出行相关信息咨询服务,并设置服务热线,方便乘客在需要时随时获取帮助,有疑问时随时得到解答;在位置、高度和宽度设计上,应方便残疾人使用。

（4）手机充电设施:候车厅可设置便民手机充电站,为旅客提供应急充电服务。

（5）应急救援与安全设施:应配备有应急救援箱、灭火器等安全设施,以应对突发事件,确保乘客的安全。

（6）站务员室宜留有配备针线包、行包推车、雨伞、无障碍工具等便民设施的空间。

（7）旅客公共卫生间厕位宜设置挂物钩,小便位宜设置搁物台;盥洗间宜设置烘手器、手纸盒等,并配备垃圾箱。

（8）医务室应按相关卫生规定配备旅客所需的常用药品,宜配备日常的医疗和急救设施,并设置急救电话。

（9）小件寄存处应设置行包存柜和行包货架等设施,小件寄存处可与问询柜台合并设置。

（10）高窗开启扇应设置开窗器。

（11）开水间:在卫生间附近宜设置开水间,完善服务设施。

7.2 智能化系统配置

  农村汽车客运站智能化系统设计应符合现行《智能建筑设计标准》(GB 50314)、《交通建筑电气设计规范》(JGJ 243)的相关规定。信息化系统性能应具有安全性、及时性、稳定性、兼容性、可升级性。

  各级车站应按站场等级需要设置信息设施系统、信息化应用系统、智能化集成系统、安全技术防范系统、站务管理系统等系统。各级车站智能化系统配置应符合表7-1的规定。

客运站智能化系统配置表 表 7-1

智能化系统		独立车站	便捷车站	招呼站
信息设施系统	布线系统	●	●	○
	信息网络系统	●	●	○
	移动通信室内信号覆盖系统	●	●	—
信息化应用系统	自助查询子系统	○	—	—
	电子显示屏子系统	○	○	—
	公共广播系统	○	○	—
	小件快运系统	○	—	—
智能化集成系统		○	○	—
安全防范系统	监控子系统	●	○	○
	安全检查子系统	●	○	—
	停车场管理系统	○	○	—
站务管理系统	售票子系统	○	○	—
	检票子系统	○	○	—
	票务结算子系统	○	○	—
	车辆运行子系统	○	—	—
	窗口服务系统	○	○	—

  注:"●"表示应配置;"○"表示视情况配置;"—"表示不做要求。

7.2.1 信息设施系统

1)布线系统相关要求

(1)应满足站内语音、数据、图像和多媒体等信息传输的需求;

(2)应根据客运站的售票、广播、查询、安防、停车等不同功能和需求,进行系统布局、设备配置和缆线设计;

（3）应遵循集约化建设的原则，并应统一规划、兼顾差异，确保路由便捷、维护方便。

2）信息网络系统相关要求

（1）应根据客运站的售票、广播、查询、安防、停车等不同功能和需求，进行系统组网的架构规划；

（2）应建立信息通信链路，支撑站内多种类智能化信息的端到端传输，并应成为站内各类信息通信的通道；

（3）应保证站内信息传输与交换的高速、稳定和安全。

3）移动通信室内信号覆盖系统相关要求

客运站内所有区域宜实现无线通信网络（Wi-Fi）全覆盖，重点保障售票厅、候车厅、换乘区、发车区、旅客服务处等区域的网络通畅。

7.2.2 信息化应用系统

信息化应用系统的配置应满足各级车站业务运行和物业管理的信息化应用需求。

1）自助查询子系统

旅客公共场所应根据站场等级需要设置自助查询子系统，自助查询功能可与自助售票功能合并，由一体式设备实现，自助查询子系统应接入公共信息查询网络，动态更新。

2）电子显示屏子系统

（1）信息发布及显示系统应实时发布运营线路起讫地、发车时间、班次、票价、余座、停靠位置等信息及相关变更信息，宜根据需要发布周边交通状况及相关公共信息；

（2）候车厅、售票厅、检票口等应根据站场等级需要设置电子显示屏子系统；

（3）公共信息发布及显示系统宜采用集中控制方式，由控制室统一采编、存储、控制播发，对任一显示屏完成电源开关和复位操作。

3）公共广播系统

（1）应具有接发车、旅客乘降及候车等全部客运作业广播的语音合成功能，并应具备按候车厅、站前广场、售票厅以及客运值班室等划分广播区域的语音分区功能。

（2）公共广播应与售票系统、检票系统、调度系统联动，及时播报发车、班车晚点等信息。公共广播应与消防系统联动，具有消防紧急优先广播功能。

（3）站内宜建立信息推送平台，能提供客运服务信息。

4）小件快运系统

（1）客运站应设置小件快运联网系统；

（2）主要功能应包括业务受理、配送管理、到货管理、快递取货、信息推送管理、客户管理、

寄存管理、查询报表、业务结算和网上查询等;

(3)小件快运收发处应设置数据终端,并实行计算机管理。

7.2.3　智能化集成系统

(1)智能化集成系统应把建筑内的智能化各子系统,由各自独立分离的设备、功能和信息,集成为一个相互关联、完整和协调的综合系统,使智能化系统的信息高度共享,资源合理分配,实现智能化各子系统间的互操作与联动控制。

(2)客运站应考虑不同交通方式间的应急指挥管理协调机制的要求。

(3)智能化集成系统宜对广播通信系统、安全技术防范系统、安全技术防范系统、停车场管理系统等智能化子系统进行系统集成。

(4)智能化集成系统应留有数据上传接口,实现信息互联:

①系统应实现客运站与上级管理部门之间的信息互联,做到区域内客运站信息资源整合,数据共享利用;

②应具备供交通、公安、卫生、应急等监管部门依法调取查询相关数据信息的条件。

7.2.4　安全防范系统

客运站安全技术防范系统应符合现行《安全防范工程技术标准》(GB 50348)的相关规定。

1)监控子系统

(1)应对站场全天候、全面监视及持续长时间录像,站前广场、发车区、换乘区、售票厅、候车厅等区域视频图像信息保存期限不应少于90d,其他场所视频图像信息保存期限不应少于30d;

(2)站前广场、换乘区、售票厅、行包安全检查处、候车厅、检票口、发车区、落客区、出站通道、车辆安全例检场所、车辆进站口和出站口以及其他重要的办公区域均需要布置监控点;

(3)应实时对可能影响客运站正常运行的周边区域的异常事件进行实时监测及预警。

2)安全检查子系统

客运站的旅客主要进站口、行包托运厅,应设置探测设备,控制报警设备应设在探测设备附近的机房内。

3)停车场服务管理系统

(1)停车场宜设置停车场管理系统;

(2)停车场管理系统应能对进出车辆进行管理,并上传车辆信息至管理平台;

(3)停车场入口处应显示剩余停车位数量。

7.2.5 站务管理系统

1)售票子系统

(1)售票子系统包括窗口售票、自助售票、联网售票等部分;

(2)窗口售票应与窗口服务系统相连接;

(3)联网售票平台应满足网络查询、订票、售票、取票及信息传递、存储、处理等要求;

(4)售票子系统应具有超员售票警示和限制售超员票功能。

2)检票子系统

(1)检票子系统应具备进站检票和出站检票功能,以满足交通高峰期客流量的需要;

(2)检票终端应有脱网独立工作的功能;

(3)自动检票机应满足正常进出站、降级运行、紧急放行等运行模式的要求。

3)票务结算子系统

(1)票务结算子系统由结算控制设备、自动售检票设备和车票等构成;

(2)系统安全管理应包括系统授权管理及设备收益安全管理。

4)车辆运行子系统

(1)车辆运行子系统应具备班线班次运营调度、驾驶员管理(报班、查询、检票、结算和接收指令等)及客运车辆管理(到站、安全例检、备班、发班、销班、停车等)功能;

(2)车辆安全例检应采用计算机管理,具有车辆信息登录、检查数据存储、检查信息查询、检查报告生成、人工录入等功能;

(3)车辆安全例检场所应配备无线扩音设备,具有车辆安全例检人员与驾驶员间的语音联络功能。

5)窗口服务系统

(1)窗口服务系统包括售票终端计算机、窗口对讲设备、窗口显示系统及服务监督系统;

(2)售票窗口应配备窗口服务系统;

(3)对讲设备应声音清晰、响亮,并同时具有自动对讲转换功能;

(4)服务监督系统应能对服务人员的服务语言进行录音监督。

第 8 章

消防与设备

8.1 消防与卫生安全

农村汽车客运站的防火和疏散设计应符合国家现行有关建筑防火设计标准的有关规定。独立车站的耐火等级不应低于二级,其他站级不应低于三级。农村汽车客运站与其他建筑合建时,应单独划分防火分区。

1)室外消防要求

(1)场地分区、竖向、绿化、交通布局应为消防救援和疏散提供良好的条件。场地应设置满足消防车通行的道路,消防车道的设置应符合灭火救援要求;应急救援场所宜考虑平灾结合,提高用地效率。

(2)室外营运停车场的汽车疏散出口不应少于两个,停车数量不超过50辆的停车场可设置一个疏散出口。两个汽车疏散出口之间的间距应不小于10.0m。

(3)汽车客运站的停车场和发车位除应设室外消火栓外,还应设置适用于扑灭汽油、柴油、燃气等易燃物质燃烧的消防设施。检查地沟和维修地沟内应设置灭火器。

2)室内消防要求

(1)站房的售票、候车、购物区等公共场所的疏散出口应不少于两个,相邻两个疏散出口最近边缘之间的水平距离应不小于5.0m,进站检票口和出站口应具备安全疏散功能。

(2)进站厅、候车厅、售票厅、疏散通道墙面等不应采用具有镜面效果的装饰面及假门。

(3)站房的走道、楼梯等处的壁柱、消火栓、灭火器、开启的门窗扇等不得挤占疏散宽度,不得影响安全疏散。

(4)客运站内旅客使用的疏散楼梯踏步宽度应不小于0.28m,踏步高度应不大于0.16m。

(5)站房的疏散通道上的门不得使用弹簧门、旋转门、推拉门等不利于疏散通畅、安全的门。疏散通道应防滑。站房的公共区域、走道、楼梯间应设置应急照明及疏散指示,疏散标志应能保持视线连续。

(6)站房内应设置消防软管卷盘或轻便消防水龙;站房和附属公共建筑外墙应在每层的适当位置设置可供消防救援人员进入的窗口。

(7)农村汽车客运站消防安全标志和站房内采用的装修材料应分别符合现行《消防安全标志设置要求》(GB 15630)和《建筑内部装修设计防火规范》(GB 50222)的有关规定。

3)卫生安全要求

客运站宜按规定设置存放防护防疫及清洁消毒用品的专门区域,其卫生要求应符合相关

标准的规定,场所符合下列规定:

(1)功能布局宜有利于引导工作人员落实各项公共卫生事件应急措施;

(2)室外场所宜具备突发公共卫生事件应急期间区域分隔、闭环管理的条件;

(3)室内场所各功能区布局应具备在突发公共卫生事件应急情况下实行封闭式管理、人员单向进出和单向通行的条件;

(4)突发公共卫生事件期间,应按风险防控规定在人员入口处设置健康监测登记区,在通道设置外包装消毒设备,在适宜区域设立相对独立的检测通道及紧急情况临时隔离区;

(5)突发公共卫生事件期间宜在出入口、公共卫生间等处设置垃圾专用回收箱,专用回收箱宜选用脚踏翻盖式垃圾桶,并粘贴专用标签。

8.2 建筑设备

8.2.1 给水排水

农村汽车客运站的给水排水设计应符合相关的设计规范。客运站应设室内、室外给水与排水系统,以及开水供应设施。对于严寒和寒冷地区,独立车站和便捷车站的盥洗室宜设热水供应系统。

独立车站宜设置洗车用水,洗车用水宜循环使用。农村汽车客运站宜设计中水工程和雨水利用工程。

客运站污废水的排放应符合国家现行有关标准的规定,含油废水应单独设置处理设施,达到排放标准后再排放。可供设有卫生间的车辆停靠的汽车客运站,应设置相应的污物收集、处理设施。客运站污水排水系统应与雨水排水系统分流;排水应优先排入市政排水管网;当暂无市政排水管网时,客运站排水设计应满足环境影响评价相关要求;当客运站位于旅游景点、水资源保护区时,生活污废水宜处理后回用。

8.2.2 供暖通风

独立车站及便捷车站可因地制宜,采用适宜、经济的供暖方式。严寒和寒冷地区的候车厅、售票厅等,其供暖系统宜独立设置,并宜设置集中室温调节装置,非使用时段可调至值班供暖温度。

供暖室内计算温度应符合表 8-1 的规定。

供暖室内计算温度 表 8-1

区域	室内计算温度（℃）
候车厅、售票厅、行包托运厅	14~16
重点旅客候车厅、医务室、母婴候车厅	18~20
办公用房	18~20
厕所、盥洗间、走廊	14~16
联检用房	18~20

候车厅、售票厅等人员密集场所应设通风换气装置，通风量应符合现行相关标准的规定。公共卫生间应设机械排风装置，换气次数不应小于 10 次/h。当候车厅、售票厅采取机械通风时，冬季宜采用值班供暖与热风供暖相结合的供暖方式。

客运站设在封闭或半封闭空间内时，发车位和站台宜设汽车尾气集中排放设施。

8.2.3 电气

农村汽车客运站的电气设计应符合现行《民用建筑电气设计标准》（GB 51348）和《交通建筑电气设计规范》（JGJ 243）的有关规定。农村汽车客运站的用电负荷属于三级负荷，并应符合表 8-2 的规定。

负荷的分级 表 8-2

级别	一级负荷	二级负荷	三级负荷
适用场所	—	一、二级汽车客运站主要用电负荷（包括公共区域照明、管理用房照明及设备、电梯、送排风系统设备、排污水设备、生活水泵）	不属于一级和二级的用电负荷

农村汽车客运站的照明设计应符合现行《建筑照明设计标准》（GB 50034）的规定。农村汽车客运站的检票口、售票台、联检工作台宜设局部照明，局部照明照度标准值宜为 500lx。农村汽车客运站站场内照明不应对驾驶员产生眩光，眩光限制阈值增量 TI(%) 最大初始值不应大于 15%。

农村汽车客运站应设置引导旅客的标志标识照明。站场车辆进站、出站口宜装设同步的声、光信号装置，其灯光信号应满足交通信号的要求。站场具有一个以上车辆进站口、出站口时，应用文字和灯光分别标明进站口及出站口。

农村汽车客运站可根据需要设置通信、广播设备。候车厅和售票厅内宜设交互式旅客信息查询系统。

农村汽车客运站安全防范系统的设计应符合现行《安全防范工程技术标准》（GB 50348）

的有关规定。农村汽车客运站防雷接地设计应符合现行《建筑物防雷设计规范》(GB 50057)的规定。

8.2.4 其他设备

1) 服务设备

(1) 售票检票设备宜包括售票桌椅、钱箱、票架、隔离栏、打孔机、对讲机等；

(2) 候车服务设备宜包括座椅、母婴床、轮椅、班次牌、(手机、计算机)充电台等；

(3) 车辆清洁清洗设备宜包括高压水枪、清洗机、脱水机、(全自动)洗车机(房)等；

(4) 小件(行包)搬运与便民设备宜包括平板车、行李手推车等；

(5) 广播通信设备宜包括广播功率放大器、话筒、扩音喇叭、语音播报系统、便携式扩音器等；

(6) 宣传告示设备宜包括班次时刻表、里程票价表、小件寄存(托运)价目表、营运线路图、旅客须知栏、禁运限运物品宣传图、(电子)公告牌等；

(7) 采暖/制冷设备宜包括采暖炉、取暖器(暖风机)、(移动)空调、(冷)风扇等。

2) 安全设备

(1) 安全检查设备宜包括手持安检仪、安检门、台式行包安检仪、车辆安检台(仪)、人脸识别终端、手持酒精测试仪等；

(2) 安全监控设备宜包括高清摄像头、遥控摄像机(室外监控器)、监控交换机、监控网络与路由器、监控录像机等；

(3) 安全应急设备宜包括灭火器、消防毯、防爆桶(排爆罐)、医药急救箱、氧气瓶等。

3) 信息网络设备

(1) 售票取票设备宜包括联网售票计算机、身份证识读器、自助售票机、自助取票机等；

(2) 验票检票设备可包括条码(二维码)读取终端、(身份证、人脸)识别闸机等；

(3) 车辆调度与管理设备可包括驾驶员识别终端、车辆调度(报班、缴费、销班等)系统、门禁/车场管理系统(车牌识别一体机、道闸等)、路由器、交换机等。

第 9 章

农村汽车客运站设计实例

9.1 平原地区农村汽车客运站设计

9.1.1 位置分布

河北平原地区主要包括河北南部的华北平原和河北中部的邯郸平原,覆盖石家庄、廊坊、保定、沧州、衡水、邢台、邯郸等城市,面积约为 8.15 万 km²,约占河北省总面积的 43%。

9.1.2 地理环境

1)气候分区

河北平原因地处半湿润半干旱大陆性季风气候区,属于寒冷气候区。四季分明,寒暑分明,雨量集中于夏秋季节。干湿期明显,夏、冬季长,春、秋季短。

2)地形地貌

河北平原区是华北大平原的一部分,按其成因可分为山前冲洪积平原、中部湖积平原区和滨海平原区 3 种地貌类型(图 9-1)。

a)山前冲洪积平原(白洋淀)　　　　b)中部湖积平原区　　　　c)滨海平原(北戴河)

图 9-1　地貌类型

9.1.3 旅游资源

1)历史古迹

河北平原有人称"京南第一府",与保定、大名、开封齐名的京南四大名府之一的河间府,有人称"京畿重地""首都南大门"的保定府,有典型城制的定兴县城,有特殊形制的藁城区等历史古城镇,还有后文将提到的大城县城等历史古迹(表 9-1)。

河北平原历史古迹　　　　　　　　　　　　　　表 9-1

时间	代表性景点	代表性建筑形态
古代	王家大院、正定开元寺、定州清真寺、赵州桥、荣国府、隆兴寺、赵州桥	 赵州桥
现代	邯郸串城街、邯郸磁州窑文化、西柏坡、吴桥杂技大世界、丛台公园	 丛台公园

2）文化资源

河北平原地区历史悠久，拥有丰厚的文化资源（表 9-2）。

河北平原文化资源　　　　　　　　　　　　　　表 9-2

位置	文化种类	代表性建筑形态
河北平原中部	晋州官伞、桃林坪花脸社火、藁城战鼓、涿州花灯节、祁州药材、廊坊陶瓷彩绘、信安扎刻、吴桥杂技	 安国数字中药都
河北平原东南部	邢窑白瓷、邢州铁冶、冀南皮影、磁州窑烧制技艺、永年鼓吹乐、武安平调落子、皮影戏、傩戏、曲周龙灯、鸡泽梨花大鼓等	 邢窑遗址博物馆

9.1.4　平原地区建筑设计手法

1）平原地区建筑形态特征

河北平原位于寒冷气候区，包括石家庄、保定、沧州、廊坊、衡水、邢台、邯郸等城市，历史悠久。平原型历史文化村镇中的民居建筑多沿街巷依次布局，建筑朝向、排列规整有序。在民居方面，河北平原多进院民居是冀中平原与丘陵地区的传统民居建筑形式，基本符合北方四合院的形制特征：

（1）由于受地形限制小，平原型历史文化村镇中建筑的规模一般较大，常有一些四合院式的传统民居建筑，结构为砖木结构或砖木石结构。

（2）多进院多为中轴对称格局，以两进、三进居多，正房坐北朝南，一般有3～5开间，两侧厢房对称，院墙高大，房间的窗户朝向院落而不对院外开窗。

（3）房屋多呈纵向矩形，轴线对称关系明确。

（4）青砖砌筑，屋顶为砖木承重的硬山顶。分布在石家庄市、保定市等地的平原地区代表性建筑如图9-2所示。

a)羊市街　　　　　b)刘建兵老宅　　　　　c)顺平县王家大院　　　　　d)徐家大院

图9-2　平原地区代表性建筑

2）平原地区建筑形态解析

河北平原地区由于地势平坦，建筑受到的限制较小。受现代主义建筑和后现代主义建筑思潮影响，其中主要结合中式建筑的特色以及欧式建筑的设计理念，展现出独树一帜的中国特色建筑风韵。

平原地区建筑发展风格多样，表9-3对世界平原地区主要优秀建筑作品进行了介绍。在进行农村客运场站建设时，可以主要借鉴其外形，提升客运站建筑魅力。

平原地区建筑形态解析

表9-3

建筑	设计手法	造型
千岛湖汽车客运北站	造型:多体块组合,弧线处理,造型流畅。 材料:玻璃幕墙和铝板表皮相结合	
光明花博邨东风会客厅	造型:曲面的造型,具有墙顶一体的形态特征。 材料:整体选用了木纹混凝土材质,具有木纹肌理	
徐渭艺术馆	造型:纵向五进、横向三折的人字坡造型。 材料:采用接近白色的带山水隐喻肌理的花岗岩墙面处理	
雅莹时尚艺术中心	造型:建筑为"门"字形布局,曲面屋顶,屋面悬挑。 材料:简洁硬朗的混凝土	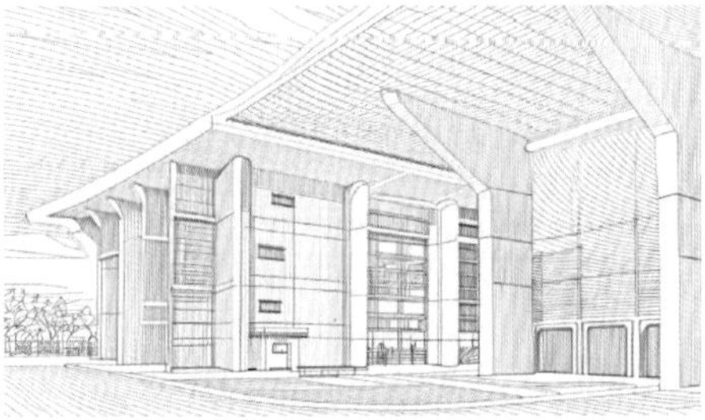
南粤古驿道梅岭驿站	造型:采用现代单元式的设计手法。 材料:结合了当地传统的青砖、灰瓦、原木等材料	

建筑	设计手法	造型
上海龙美术馆	造型："伞拱"悬挑结构。 材料：简洁清水混凝土与玻璃的交叉碰撞	
美国橘子郡 未来火车站	造型：弧形的中心穹顶打造当地地标建筑。 材料：屋顶覆盖太阳能板，围护结构采用氟塑膜（ETFE）	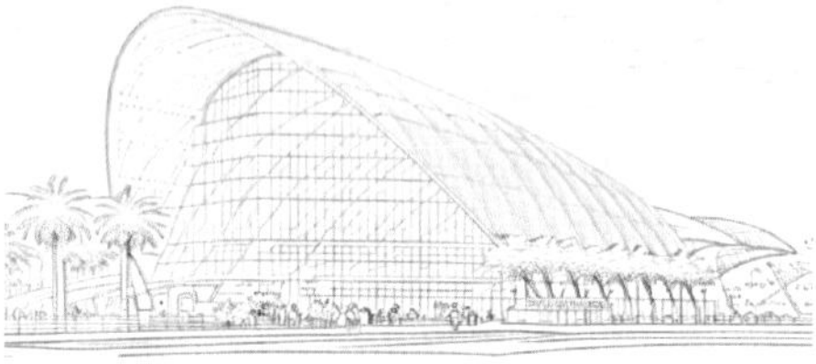
泰国PANNAR 学习中心	造型：折叠几何形屋顶。 材料：巨大醒目的屋顶由当地生长的竹子制成，墙面采用天然的土壤色	
印尼木构造 教堂	造型：形似平原上的方舟，采用传统坡屋顶。 材料：当地的木材废料，设计深度契合自然环境	
捷克谷仓更新	造型：架空轻质屋顶。 材料：采用原始的砖砌拱顶和黑钢	

■ 9.1.5　红色文化建筑设计手法

1）红色文化建筑形态特征

抗战时期为抵御外敌，在平原地区多充分利用传统民居建筑和少量特色历史建筑，将其修建为军事及配套建筑，以反击敌军。结合近代与现代红色文化建筑案例，简单概括红色文化建筑的主要特色：主要建筑材料大多采用灰砖青瓦，整体建筑色彩呈青灰色调，砖木结构很少，砖混结构居多；后期建筑材料打破传统形式，采用了现代式的红砖、水泥、瓷砖等；布局及造型多呈对称式，整体氛围较为庄重；建筑细部屋顶、屋脊、屋面、檐下，以花草、云纹装饰；窗为心屉棂花，常见的棂花样式有步步锦、灯笼框、龟背锦等，影壁常为简单的纹样装饰，以达到丰富影壁立面造型的目的。代表性红色文化建筑如图 9-3 所示。

a）西柏坡　　　　b）冉庄村　　　　c）武安市革命旧址　　　　d）王家坪革命旧址

图 9-3　代表性红色文化建筑

2）红色文化建筑形态解析

当代中国红色文化建筑在设计过程中，都会采用中轴对称式，整体氛围较为肃穆，使人产生敬畏之心。在设计农村汽车客运站时，考虑到客运站等级划分，在设计高级别的车站时，需要有完整的立面及造型。在设计招呼站时，风格应尽量与周围建筑风格保持一致，或者与附近高等级的客运站保持一致，主要差别体现在建筑造型和建筑材料的运用。国外的纪念性建筑，风格整体较为肃穆，建筑风格随着时间的变化而变化，传统的纪念性建筑往往采用古典样式，受当代建筑主义思潮影响，现多以简洁的造型为主，表达整体氛围。纪念性建筑形态解析见表 9-4。

■ 9.1.6　平原地区客运站设计参考

（1）平原地区客运站平面图参考如图 9-4、图 9-5 所示。

（2）平原地区独立车站/便捷车站效果图如图 9-6～图 9-14 所示。

纪念性建筑形态解析 表9-4

建筑	设计手法	造型示意
鞍山烈士纪念馆	造型:造型中轴对称,中间大厅采用四坡顶造型。 材料:外立面采用白色瓷砖	
法国凡尔登战役纪念馆	造型:建筑采用刚性结构体系,东西面的墙壁上设计了重复性垂直开口。 材料:钢、玻璃、混凝土	
红军长征湘江纪念馆	造型:造型为硝烟下的红军八角帽,外墙体主基调为红色,代表了数万红军烈士的鲜血。 材料:石材、混凝土	

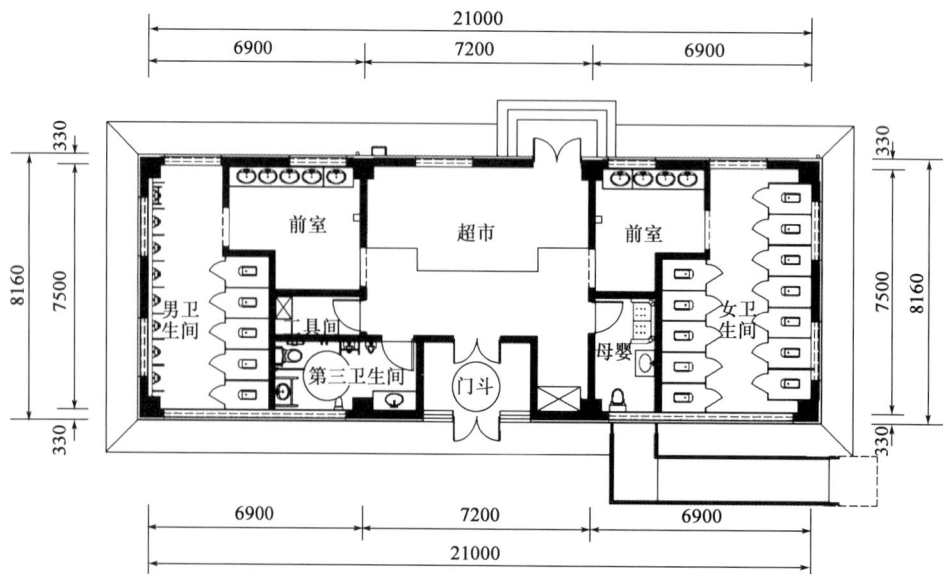

图9-4 平原地区客运站平面图参考(一)(尺寸单位:mm)

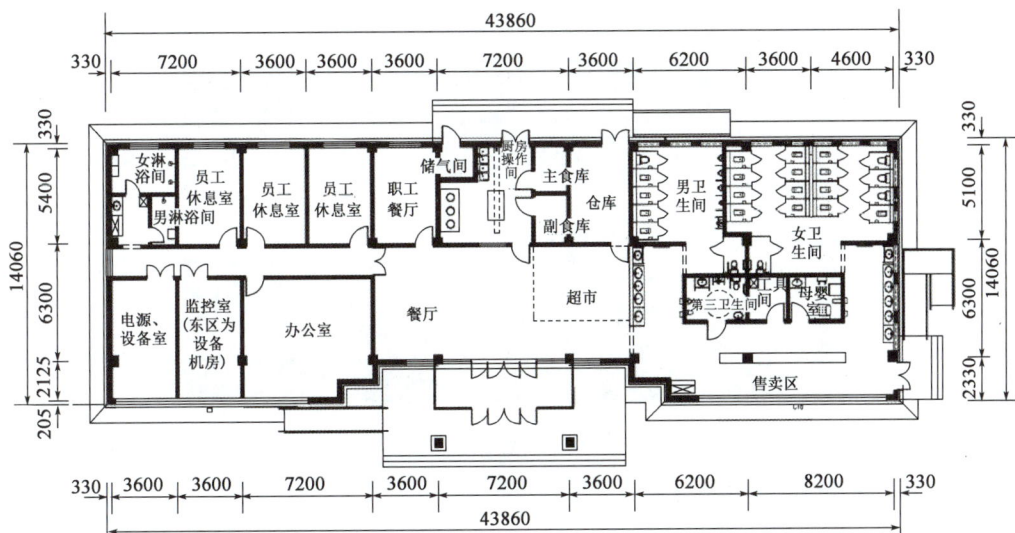

图 9-5 平原地区客运站平面图参考（二）（尺寸单位：mm）

图 9-6 平原地区独立车站/便捷车站效果图（一）

图 9-7 平原地区独立车站/便捷车站效果图（二）

图 9-8　平原地区独立车站/便捷车站效果图（三）

图 9-9　平原地区独立车站/便捷车站效果图（四）

图 9-10　平原地区独立车站/便捷车站效果图（五）

图 9-11 平原地区独立车站/便捷车站效果图（六）

图 9-12 平原地区独立车站/便捷车站效果图（七）

图 9-13 平原地区独立车站/便捷车站效果图（八）

图 9-14　平原地区独立车站/便捷车站效果图（九）

（3）平原地区招呼站效果图如图 9-15、图 9-16 所示。

图 9-15　平原地区招呼站效果图（一）

图 9-16　平原地区招呼站效果图（二）

9.2　山地农村汽车客运站设计

9.2.1　位置分布

河北省山地地区主要是由燕山和太行山两大山脉组成的。燕山山脉位于河北省北部,包括承德、怀柔、延庆、宣化等多地。河北省东部的太行山区,包括涿鹿县、怀来县、蔚县、涞源县、易县等 28 个县,总面积约为 9.01 万 km²。

9.2.2　地理环境

河北省山地地区气候分区属于寒冷 A、B 区,严寒 C 区。

河北山地地区地形高低差别大,西北高、东南低。地貌类型复杂多样,有山地、丘陵、高原、平原和盆地等多种形态。山间小盆地众多,较大盆地有桑干河盆地和洋河盆地(图 9-17)。

a)山地(太行山)　　　　　　　　b)丘陵(易县)　　　　　　　　c)盆地(桑干河盆地)

图 9-17　河北省地貌类型

9.2.3　旅游资源

1)自然景观

河北省山地资源丰富,其中拥有众多资源,及众多历史文化景观。河北省代表性山地景观见表 9-5。

2)人文景观

河北省不但地势复杂多变,奇峰怪石林立,还有着丰厚的历史人文底蕴,是我国的文化资源大省，人文景观不管是数量还是品质都位居全国前列。河北省代表性山地人文景观见表 9-6。

河北省代表性山地景观   表 9-5

地点	代表性景区	代表性景观形态特征
燕山	雾灵山风景区、溶洞群	 雾灵山风景区
太行山	苍岩山景区、九龙峡景区、天河山景区、邢台大峡谷	 天河山景区
	前南峪生态旅游区、太行五指山景区、京娘湖景区、古武当山景区	 京娘湖景区

河北省代表性山地人文景观   表 9-6

分布区域	代表景区	代表性建筑形态
张家口	黄帝城、大境门、万里长城、蔚州古城、鸡鸣驿、暖泉古镇	 万里长城

分布区域	代表景区	代表性建筑形态
承德	避暑山庄、普陀宗乘之庙、磬锤峰国家森林公园、金山岭长城、木兰围场	 避暑山庄
秦皇岛	山海关、翡翠岛	 山海关
唐山	唐山港、培仁历史文化街、大理石长城、鹫峰山"干砌长城"、清东陵	 唐山港

3）特色产业

河北山地自然资源丰富,不但有重要的矿产资源,还有丰富的生物资源、气候资源和独特的旅游资源。河北省山地特色产业见表9-7。

河北省山地特色产业　　　　　　　　　　　　　　　表9-7

产业类型	产业名称
美食产业	燕山板栗产业、仁用杏产业、阜平县黑木耳业、甘薯马铃薯产业、特色杂果产业、功能杂粮产业、错季蔬菜产业
旅游产业	生态旅游产业、太行山红色旅游业、生态观光旅游业、山地休闲度假旅游产业
新型能源	生物质能源产业
矿产产业	主要分布于唐山、承德、张家口、邯郸、邢台

9.2.4 山地建筑特征

1)山地传统建筑形态特征

山地型建筑多依山而建,材质往往就地取材,多为石头、砖砌建筑,建筑本身的层数、形状、方位比较灵活,形成不拘一格、形态多样的建筑风格。

近代以来,随着国情的变化,太行山区演变成为我国著名的红色革命根据地,为河北地区红色文化的标志性符号之一。红色文化革命旧址建筑总体遵循中国北方传统四合院建筑形制,造型古朴,在建筑选材和装饰上透露着浓郁的冀南、豫北地区建筑特色,主要建筑特征如下:

(1)用抽象的手法演绎"峰峦",将山体的延展与层次感转化为一种开放而延续的聚落形态。

(2)屋顶采用石材、砖石结合,利用当地建筑材料。

建筑细部特征如下:

(1)砖雕:题材主要有动物、植物和文字,如狮子、如意纹、卷草纹。

(2)石刻:石料装饰用在石阶、石柱基、石墩、上马石甚至讲究的石地面上。

(3)木艺户牖:木雕户牖的形制有隔扇门、直棂窗,装饰主要有花格、草龙纹样。

河北省山地代表性建筑如图9-18所示。

a)石头村　　　　　　　　b)英谈村　　　　　　　　c)梁家村

图9-18　河北省山地代表性建筑

2)长城文化建筑形态特征

自元朝以来,河北成为畿辅、军事重地。明代,为了加强北方防御,明政府开始大规模重修长城,河北山区还形成了独特的长城文化。

沿古长城分布的历史文化村镇多为军事型防御聚落,常处地势险要、易守难攻之地。空间格局完整,规划程度高,传统民居以四合院形式为主,讲究中轴对称,尊卑有别,主次分明,主要建筑特征如下:

(1)屹立山脊,蜿蜒曲折,属于防御型建筑。

(2)城堡内格局基本明晰,整体形态呈梯形,东高西低,东部略宽,西部略窄。

（3）基本以合院为单位,沿主要街道两侧排列分布。

（4）采用城墙式的体块穿插。

（5）屋顶采用青砖灰瓦,墙内为素土夯实,外包青砖。

（6）多为青色或者黄色。

长城文化代表性建筑如图 9-19 所示。

a)天下第一关——山海关　　　b)岔道村　　　c)长城脚下的公社之二分宅

图 9-19　长城文化代表建筑

3）山地建筑形态解析

山地建筑的形态特征,主要取决于山地建筑所赖以生存的山地环境。山地的坡度、山位、起势、自然肌理等是构成山体形态的主要因素。山地建筑设计多与当地环境协调,随坡塑形。形态多为大体块穿插,虚实结合,随坡就势,材料选用与周边环境相融合的自然材质。山地建筑形态解析见表 9-8。

山地建筑形态解析　　　　　　　　　　　表 9-8

建筑	设计手法	造型示意
贵州大发天渠游客中心	造型:建筑依山就势,建筑体块拼接叠加。 材料:建筑外立面选用当地的灰色石材	
马边游客中心	造型:折梯屋顶,建筑体块依次叠加。 材料:采用石材、砂岩、瓷砖、涂料等	

续上表

建筑	设计手法	造型示意
无想山秋湖驿站	造型:建筑采用回字形院落,"L"形坡屋面咬合。 材料:采用了青瓦和毛石这两种堆叠类的材料	
吉首中驰·湘郡礼德学校	造型:折叠式布局,三组线性体量平行于等高线。 材料:采用混凝土、穿孔板等现代材料	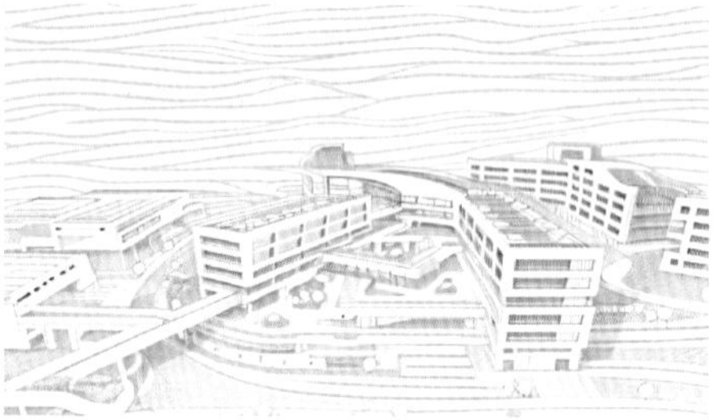
日本美秀美术馆	造型:几何形体构建而成的玻璃屋顶。 材料:铝质框架,玻璃天幕,石灰石墙面	
澳大利亚Crackenback马厩和住宅	造型:不规则坡屋顶,起伏的外形。 材料:建筑外侧覆盖波纹铁板	

9.2.5 山地客运站设计参考

(1)山地客运站平面图参考如图9-20~图9-22所示。

(2)山地独立车站/便捷车站效果图如图9-23~图9-32所示。

(3)山地招呼站效果图如图9-33~图9-42所示。

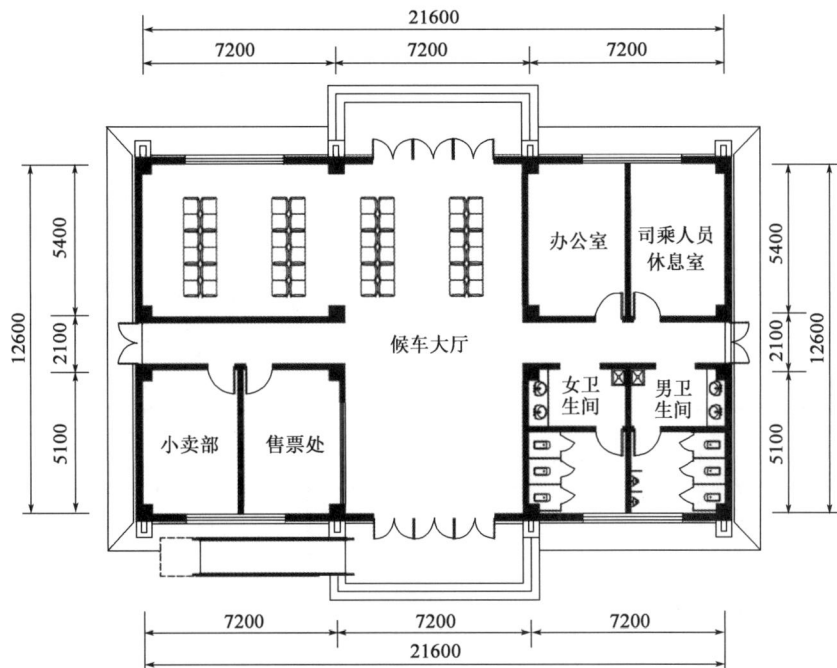

图9-20 山地客运站平面图参考（一）（尺寸单位：mm）

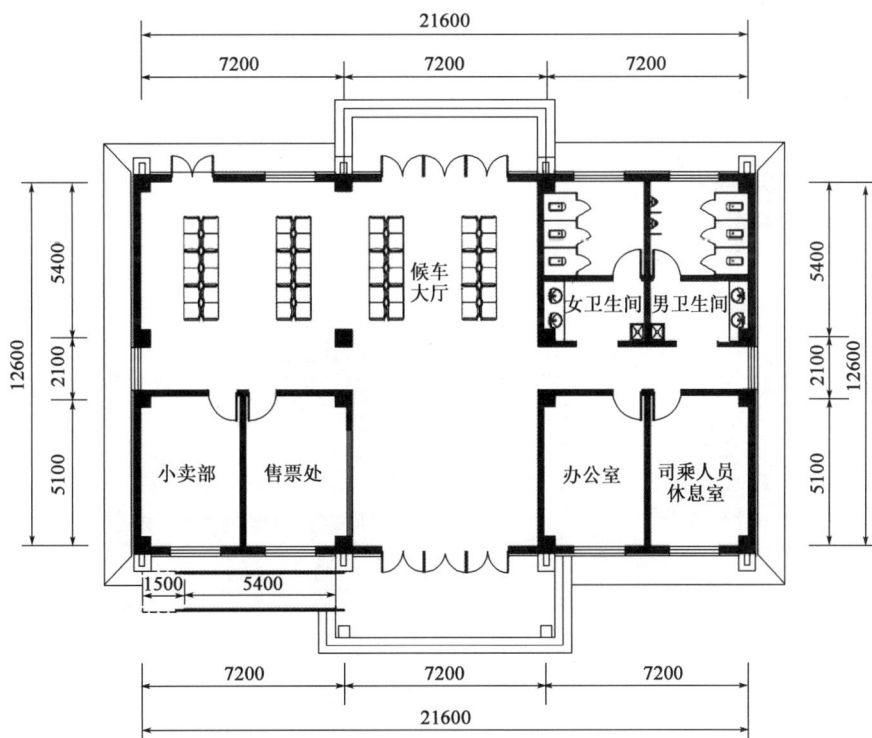

图9-21 山地客运站平面图参考（二）（尺寸单位：mm）

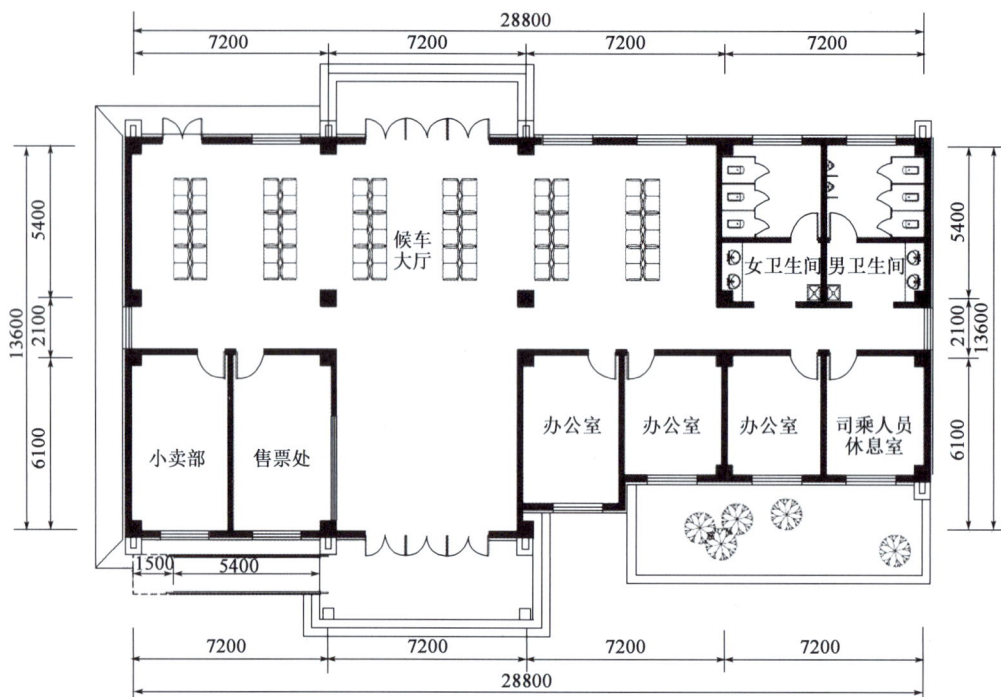

图 9-22　山地客运站平面图参考（三）（尺寸单位：mm）

图 9-23　山地独立车站/便捷车站效果图（一）

图 9-24　山地独立车站/便捷车站效果图（二）

图 9-25　山地独立车站/便捷车站效果图（三）

图 9-26　山地独立车站/便捷车站效果图（四）

图 9-27　山地独立车站/便捷车站效果图（五）

图 9-28　山地独立车站/便捷车站效果图（六）

图 9-29　山地独立车站/便捷车站效果图（七）

图 9-30 山地独立车站/便捷车站效果图（八）

图 9-31 山地独立车站/便捷车站效果图（九）

图 9-32 山地独立车站/便捷车站效果图（十）

图 9-33　山地招呼站效果图（一）

图 9-34　山地招呼站效果图（二）

图 9-35　山地招呼站效果图（三）

图9-36　山地招呼站效果图（四）

图9-37　山地招呼站效果图（五）

图9-38　山地招呼站效果图（六）

图9-39 山地招呼站效果图（七）

图9-40 山地招呼站效果图（八）

图9-41 山地招呼站效果图（九）

图 9-42 山地招呼站效果图（十）

9.3 滨水地区农村汽车客运站设计

9.3.1 位置分布

河北省有海洋、滩涂,又有陆地河流、湖泊及洼地,水资源丰富,类型多样,从沿海到内陆、从平原到高原都有分布。沿海地区包括山海关区、海港区、北戴河区、昌黎县、乐亭县、滦南县、唐海县、丰南区、黄骅市和海兴县等;湿地地区包括康巴诺尔湿地、察汗淖尔湿地、白洋淀湿地、衡水湖湿地等;河流包括海河、滦河、辽河、内陆河四大水系。

9.3.2 地理环境

冀北地区坝上高原区域,属于大陆性季风气候。冬季漫长,夏季无暑,清凉宜人,7 月平均气温为 24℃。海拔在 1200～2000m 之间,沿坝有许多关口和山峰,最高在海拔 2500m以上。

冀东地区地处属于暖温带半湿润大陆性季风气候。因受海洋影响较大,春季少雨干燥,夏季温热无酷暑,秋季凉爽多晴天,冬季漫长无严寒。

■■ 9.3.3　旅游资源

1）自然景观

河北省滨海湿地分布广、数量多,为全球候鸟迁徙提供觅食、休息场所,属于东亚—澳大利西亚迁徙路线的关键枢纽。区域内分布有全国已知面积最大的海草床,属于典型近海海洋生态系统。河北省拥有的丰富滨海地貌景观见表9-9。

2）人文景观

河北省在拥有丰富的滨海地貌景观的同时,悠久的历史文明及璀璨的现代文明也造就了众多的滨海人文旅游资源(表9-10)。

河北省滨水自然景区代表　　　　　　　　　　　　　　表9-9

滨海地貌	代表景区	景观形态特征
海蚀地貌景观	老龙头海域、山海关角山、北戴河联峰山、鸽子窝、大东山、鹰角石金山嘴	 老龙头海域
海积地貌景观	黄金海岸、南戴河、乐亭金银滩、七里海古泻湖	 南戴河
海退地貌景观	歧日贝壳堤、南大港湿地	 南大港湿地

续上表

滨海地貌	代表景区	景观形态特征
海岛景观	月沱岛、安金山、金沙岛、南戴河仙螺岛	 月沱岛

河北省滨水人文景区代表　　　　　　　　　　　　　表9-10

分布	景区代表	代表性建筑形态示意
秦皇岛	明长城、老龙头、山海关、碣石山、长寿山、千童村、孟姜女庙(贞女祠)等历史古迹人文景观	 老龙头
唐山	菩提岛、月坨岛、打网岗等现代渔家人文景观	 菩提岛
沧州	鄗堤城遗址	 鄗堤城遗址

3）特色产业

河北省沿海地区处于环渤海经济圈的中心地带,是全国五个重点海洋开发区之一,特色产业见表9-11。

河北省滨水特色产业分布 表9-11

分布区域	特色产业
秦皇岛	葡萄酒、海洋生物医药、海工装备、特色农产品深加工等
唐山	海洋交通运输、海洋化工、滨海旅游、海洋盐业和海洋渔业等
沧州	海洋运输及物流业、特色水产、盐碱滩农牧业等

9.3.4 滨水地区建筑特征

1）滨水地区建筑形态特征

滨水地区建筑形态特征见表9-12。

滨水地区建筑形态特征 表9-12

建筑形态	与水体的特征协调,多应用曲线以及通透空间,体现灵动、流畅之感
屋顶	屋顶多采用坡屋顶,通过曲线、折线等设计手法,体现自身的动感。屋顶线呈高低起伏,形成一定的韵律感
建筑色彩	色彩不宜饱和度太高或混乱喧杂,整体颜色素雅,多为以砖石青色为主,应具有山水灵动之感
建筑材质	外在形态谦和朴素,石材加玻璃组合及木质外廊瓦屋面等材料应用较多
构造元素	底层多为架空层,露台、外廊较多
细节装饰	装饰种类丰富多样,主要有石雕、砖雕和木雕三种

在滨水地区建筑文化中,军事文化、海洋文化和外来文化为其主要文化类型。

2）滨水地区建筑形态解析

滨水地区建筑形态解析见表9-13。

滨水地区建筑形态解析 表9-13

建筑	设计手法	建筑案例
富阳·阳陂湖湿地接待中心	造型:折翼形屋顶,整体造型轻盈。 材质:木结构屋顶,轻钢龙骨墙体,胶合木梁	

建筑	设计手法	建筑案例
长兴岛郊野公园游客中心	造型:折线形建筑形体,不规则屋顶。 材料:落地玻璃,深灰色金属铝拉网	
独山驿站	造型:螺旋形建筑体量,直线廊道贯穿螺旋体量。 材料:采用木装配结构,玻璃墙面交替变化	
埃及 新亚历山大图书馆	造型:将建筑抽象塑造为海边的一块礁石。 材料:外部墙体为花岗岩板饰面	
挪威奥斯陆歌剧院	造型:倾斜的结构,形成一个升起的斜坡。 材料:利用白色金属板形成主色调	
挪威 Holmen 渔场工业区	造型:简单的矩形体量,底层架空。 材料:外立面包覆以铝合金,混凝土地面	

3)湿地文化建筑形态特征

河北省湿地资源丰富,类型众多。在冀北地区坝上高原区域,内陆湖淖湿地、草本沼泽湿地、沼泽湿地、滩地分布众多,如康巴诺尔、察汗淖尔、闪电河等湿地,是重要的水源涵养区和物种栖息地。

冀东地区地处河北省沿渤海地带,是重要的全球候鸟迁徙通道,包括昌黎黄金海岸国家级自然保护区、南大港湿地和鸟类省级自然保护区、曹妃甸湿地和鸟类省级自然保护区、北戴河国家级风景名胜区、北戴河国家级海洋公园。冀中南平原区内河网纵横连通,湿地类型多样,有衡水湖国家级自然保护区、白洋淀省级自然保护区、永年洼国家级湿地公园。其中,白洋淀湿地是华北平原汇水面积最大、最典型的淡水湖泊湿地。湿地文化建筑形态特征及解析见表9-14、表9-15。

湿地文化建筑形态特征　　　　　　　　　　　　　　　　　　　　表9-14

建筑特色	说明
建筑形态	简约大气;合理把控建筑尺度;打造现代简洁、层次丰富的建筑造型
屋顶	体现中式建筑屋顶的神韵,自成特色,舒展大气;应用屋顶绿化、太阳能等绿色节能技术
建筑色彩	以米黄、砖红等暖色调为主,主色调不超过三种;以材质原色彩为主
建筑材质	建筑材质符合美学要求和中式韵味;使用新型绿色材料
构造元素	采用装配式构造,安全坚固,经济适用
细节装饰	展现中式风格;建筑肌理虚实相间;质感朴实大方
绿色观念	推广绿色建筑、使用绿色建材;积极稳妥推广装配式、可循环利用的建筑方式

湿地文化建筑形态解析　　　　　　　　　　　　　　　　　　　　表9-15

建筑	设计手法	造型示意
雄安商务会展中心	造型:中轴对称的建造方式,灰色飞檐。 材料:屋面采用光伏板与陶瓦结合设计	
衡水湖湿地公园	造型:砖窑高耸的烟囱,拱廊围合内院,镂空的拼花,光影深深投射在立面上。 材料:红砖	

建筑	设计手法	造型示意
光明花博邨会客厅	造型:向心型的建筑形态,悬挑亲水平台。 材料:钢-木结构体系营造整个建筑	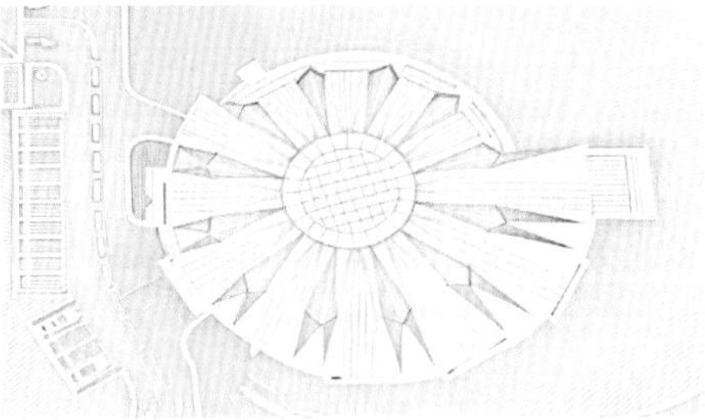
天鹅湖湿地公园景观廊	造型:景观廊如同一道长桥,漂浮在水流上,保持了自然地形的延续性。 材料:经典的清水混凝土,玻璃和钢材	
中国黄海湿地博物馆	造型:以丹顶鹤展翅飞翔为设计灵感。 材料:钢结构	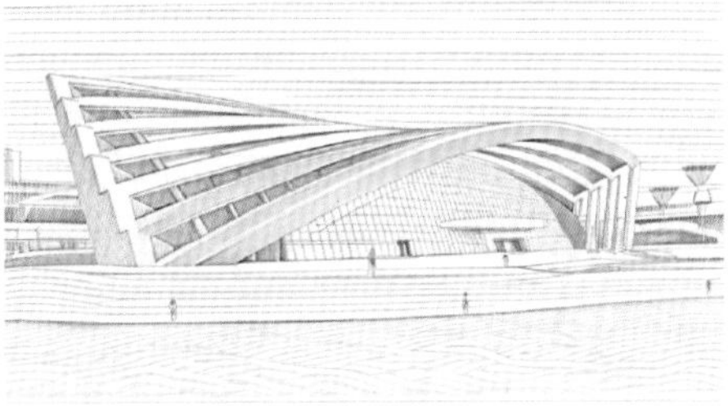
深圳红树林湿地博物馆	造型:连续起伏的形态,轻盈而多孔的可"呼吸"空间。 材料:复合钢框架	

■■ 9.3.5 滨水地区客运站设计参考

(1)滨水地区客运站平面图参考如图 9-43 ~ 图 9-45 所示。

(2)滨水地区独立车站/便捷车站效果图如图 9-46 ~ 图 9-52 所示。

(3)滨水地区招呼站效果图如图 9-53 ~ 图 9-62 所示。

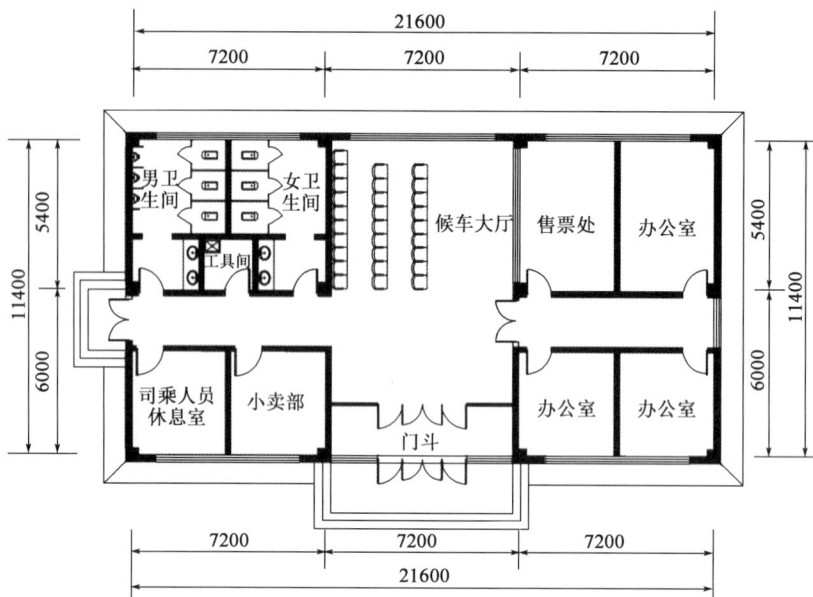

图9-43 滨水地区客运站平面图参考（一）（尺寸单位：mm）

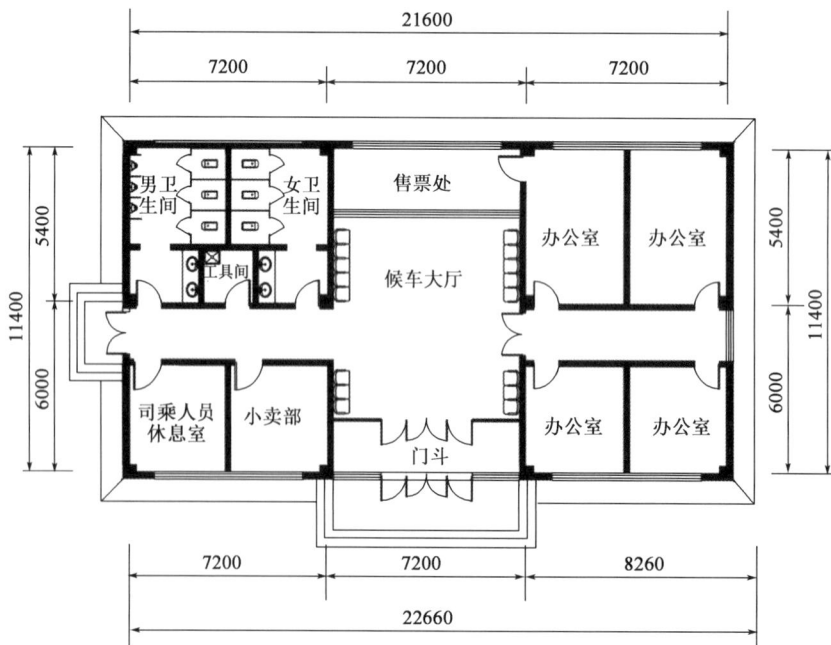

图9-44 滨水地区客运站平面图参考（二）（尺寸单位：mm）

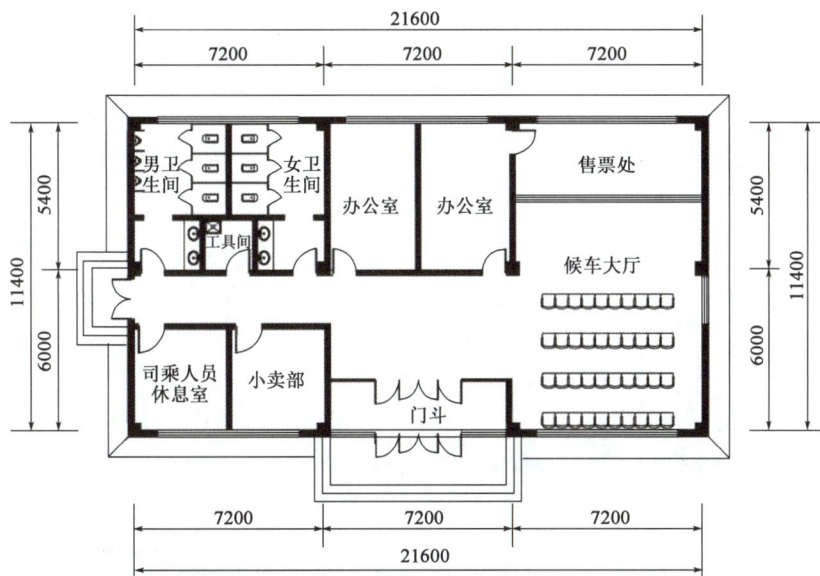

图 9-45 滨水地区客运站平面图参考（三）（尺寸单位：mm）

图 9-46 滨水地区独立车站/便捷车站效果图（一）

图 9-47 滨水地区独立车站/便捷车站效果图（二）

图 9-48　滨水地区独立车站/便捷车站效果图（三）

图 9-49　滨水地区独立车站/便捷车站效果图（四）

图 9-50　滨水地区独立车站/便捷车站效果图（五）

图9-51 滨水地区独立车站/便捷车站效果图（六）

图9-52 滨水地区独立车站/便捷车站效果图（七）

图9-53 滨水地区招呼站效果图（一）

图9-54 滨水地区招呼站效果图（二）

图9-55 滨水地区招呼站效果图（三）

图9-56 滨水地区招呼站效果图（四）

图 9-57　滨水地区招呼站效果图（五）

图 9-58　滨水地区招呼站效果图（六）

图 9-59　滨水地区招呼站效果图（七）

图9-60　滨水地区招呼站效果图（八）

图9-61　滨水地区招呼站效果图（九）

图9-62　滨水地区招呼站效果图（十）

9.4 林原地区农村汽车客运站设计

9.4.1 位置分布

河北省森林资源主要分布在冀北、冀西北山地、太行山区和坝上地区。河北草原主要分布在坝上地区和燕山、太行山地区,草原主要分布在承德围场县、丰宁县,张家口的沽源县、张北县、尚义县、康保县,其中张家口和承德两市占河北草原总面积的78.7%。

9.4.2 地理环境

河北省属于东亚温带大陆性季风气候。坝上草原区地形为丘陵、平原,东南高、西北低。河网密布,水淖丰富,平均海拔为1486m,夏季气候凉爽。

森林分布区多属北(寒)温带-中温带、半湿润-半干旱、大陆性季风型、高原-山地气候,地形多样。

9.4.3 旅游资源

在燕山山脉向内蒙古高原的过渡区域,承德市围场满族蒙古族自治县境内分布有塞罕坝国家级自然保护区、塞罕坝国家级森林公园等自然保护地(表9-16)。

林原景区 表9-16

分布	代表景区	景观形态特征示意
草原	"国家一号风景大道"和"草原天路",黄土湾、察汗淖尔国家级草原公园、塞罕坝国家公园等	塞罕坝国家森林公园

续上表

分布	代表景区	景观形态特征示意
森林	塞罕坝国家公园,雾灵山、茅荆坝、大海陀、小五台山、青崖寨、驼梁、泥河湾国家级自然保护区、西柏坡—天桂山国家级风景名胜区等	塞罕坝国家森林公园

坝上高原位于内蒙古高原的东南缘,地处内蒙古高原与冀北山地的交界处。拥有森林-草原交错带生态系统,是以"三北"防护林为主体的"绿色长城",有华北地区罕见的大面积天然紫椴林、围场红松洼等国家级自然保护区。

冀北燕山山地地处内蒙古高原和华北平原过渡带,主要有雾灵山国家级自然保护区、茅荆坝国家级自然保护区、大海陀国家级自然保护区,森林生态系统完整性强,地带性植被为落叶阔叶林,垂直带谱完整。

河北省西部太行山区是太行山区典型森林生态系统集中分布区,在本区域自然保护地内保存着太行山区典型的天然次生针阔混交林和天然落叶阔叶混交林生态系统,有小五台山国家级自然保护区、青崖寨国家级自然保护区、驼梁国家级自然保护区、泥河湾国家级自然保护区、西柏坡—天桂山国家级风景名胜区等自然保护地森林资源。

9.4.4 林原地区建筑特征

受独特的自然及人文条件影响,河北林原传统建筑呈现独具一格的魅力,产生了区别于其他区域建筑的特点,是历代先人文化创造、建筑艺术的结晶,具有重要价值。

1)林原地区建筑形态特征

林原地区建筑形态特征见表9-17。

林原地区建筑形态特征　　　　　　　　　　　　　　　表9-17

坝上囫囵院	建筑低矮,若干内向方形院落组成,空间主次分明,布局紧凑且灵活自由,院落之间横向相连成一排
坝下独院	多为长方形,东西窄、南北长,对称布局
坝下窑洞	院落结构形式有独立式窑洞式院落和合院式窑洞院落
连环套院	整个院落由纵横轴线分成前后左右互相分隔又紧密相连的多进院子
坝下多进院	院落宽度等于正房通面阔,正院布置得南北长、东西窄,并且正院比前院高,正房比倒座房高

内蒙古蒙古包	开阔舒展的建筑形态,蒙古包以其形式美的造型和比例恰到好处的结构布局形成了统一变化的毡帐建筑群
承德地区建筑	由古树、拱桥、亭台楼阁、寺庙、道观、园林等元素组成。 单体与群落错落有致,建筑群庄重巍峨,古朴无华
建筑材质	(1)多选取石材、砖、青瓦、木材、生土等。 (2)生土多用于受力和围护结构
建筑细部	(1)汉族建筑外观往往融合少数民族风格装饰。 (2)汉族装饰包括砖雕、石雕、木雕、彩绘;蒙古包装饰包括套闹上的毡盖、围毡、门帘和窗饰,纹饰涉及犄纹、回纹卷草、寿字、云纹、变体盘肠图案等
建筑色彩	(1)内蒙古高原:大面积白色和乳白色的单色墙面;彩色带装饰的女儿墙。 (2)张家口:青砖外装饰有色彩浓郁的建筑构件,如色彩艳丽的彩绘、朱红色的门窗等;暗红色原石垒筑而成的长城与土黄色、明黄色的烽火台。 (3)承德:宫殿建筑多采用鲜明的颜色,以金黄色为主,辅以青绿色的彩画来突出皇家威严;园林建筑追求自然与宁静之美,很少使用大红大绿的颜色;乡土建筑依靠建筑材料本身的颜色来凸显建筑之美
屋顶	(1)多做硬山式坡顶,坡度为30°左右,出檐深。 (2)圆盎宝顶
廊	长廊将单体建筑串连起来,使之成为一个相互联系的整体

2)林原地区建筑形态解析

林原地区建筑形态解析见表9-18。

林原地区建筑形态解析 表9-18

建筑	设计手法	造型示意
森林音乐建筑	造型:大量圆洞,模拟树叶缝隙,产生森林中不规则的光影,也让树木穿过。 材料:蜂窝状的钢结构、隔热玻璃	
蓝田县九间房镇油坊坪村	造型:建筑体量错落有致,拾级而上。 材料:石材砌筑,金属瓦屋面	

建筑	设计手法	造型示意
三河村村民活动中心	造型：几何形体的穿插、错落、咬合。 材料：镂空的砖墙，运用现代的建造手段表现传统材料	
Costa Esmeralda 森林之家	造型：水平延伸的屋顶和三个错落的体块之间植入小型庭院空间。 材料：混凝土和玻璃、空心砖隔墙	
镂空庭院九峰农村会客厅	造型：不规则长短坡屋顶，分割的几何形体。 材料：茅草屋顶，内部为竹子构架	
国家遗址公园模拟考古互动体验区	造型：不规则瓦屋顶，分散布局尽可能减小自身体量。 材料：方木屋顶，屋顶上有茅草，青石板铺成路面	

建筑	设计手法	造型示意
前洋农夫集市	造型:采用折面屋顶,形成山地建筑群特有的错落感。 材料:采用青瓦铺设,深瓦白脊,立面为钢结构与木结构	
陕北窑洞村枣园驿站	造型:分散布置单元化建筑体量,建筑体量水平延伸。 材料:砖石、木板、耐候钢等	
张家界星之营地服务中心	造型:几何构成片墙,随地形变化的体量构成。 材料:镂空红砖立面	
文成森林氧吧小镇客厅	造型:折叠屋面,斗拱双檐。 材料:中式瓷砖,砖墙,仿木结构	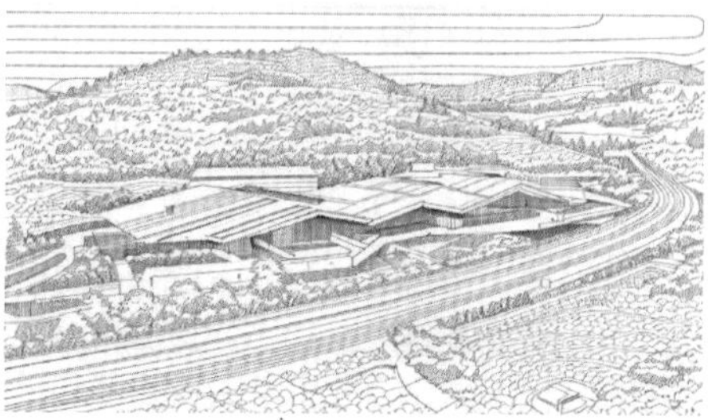

9.4.5 林原地区客运站设计参考

（1）林原地区客运站平面图参考如图9-63所示。

（2）林原地区独立车站/便捷车站效果图如图9-64～图9-72所示。

（3）林原地区招呼站效果图如图9-73～图9-81所示。

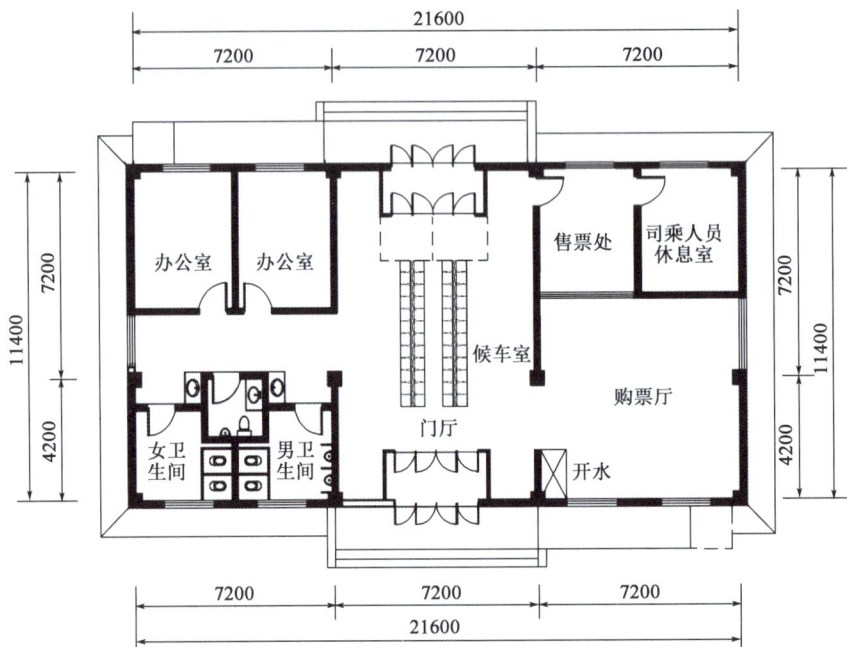

图9-63 林原地区客运站平面图参考（尺寸单位：mm）

图9-64 林原地区独立车站/便捷车站效果图（一）

图 9-65 林原地区独立车站/便捷车站效果图（二）

图 9-66 林原地区独立车站/便捷车站效果图（三）

图 9-67 林原地区独立车站/便捷车站效果图（四）

图 9-68　林原地区独立车站/便捷车站果图（五）

图 9-69　林原地区独立车站/便捷车站效果图（六）

图 9-70　林原地区独立车站/便捷车站效果图（七）

图9-71 林原地区独立车站/便捷车站效果图（八）

图9-72 林原地区独立车站/便捷车站效果图（九）

图9-73 林原地区招呼站效果图（一）

图 9-74　林原地区招呼站效果图（二）

图 9-75　林原地区招呼站效果图（三）

图 9-76　林原地区招呼站效果图（四）

图 9-77　林原地区招呼站效果图（五）

图 9-78　林原地区招呼站效果图（六）

图 9-79　林原地区招呼站效果图（七）

图 9-80　林原地区招呼站效果图（八）

图 9-81　林原地区招呼站效果图（九）

第 10 章

农村汽车客运站建筑实例

项目名称:张家港高铁新城公交站台(图10-1)。设计方:中衡设计集团股份有限公司。建成时间:2021年。项目地点:中国,张家港。设计简介:该站台以高速铁路"飞驰而过"为意向,以"等候+N"的复合空间为理念,设计集遮挡、咨询、卫生、候车体验于一体的站台空间。

图10-1　张家港高铁新城公交站台

项目名称:3D打印的电车站(图10-2)。设计方:So Concrete。建成时间:2022年。项目地点:捷克,布拉格。设计简介:捷克首个采用超高性能混凝土、由机器人3D打印的电车站,车站内设有长椅和信息板,其目的是展示技术的功能特性及其在审美方面的额外价值。

图10-2　3D打印的电车站

项目名称:新竹交通大学候车亭(图10-3)。设计方:竹工凡木设计研究室。建成时间:2020年。项目地点:中国,台湾。设计简介:该方案以顺应地形的方式让建筑形式自然成形,借由设计串联起不同的高程,也有效削弱了北风对于候车人的吹袭。

图 10-3　新竹交通大学候车亭

项目名称:"Station of Being"智能公交站(图 10-4)。设计方:Rombout Frieling Lab。建成时间:2019 年。项目地点:瑞典,于默奥。设计简介:当公交驶近时,车站会轻柔地将信息传达给乘客。每条公交线路都有符合其自身的特征的悬吊舱体,使乘客可以轻松舒适地倚靠。

图 10-4　"Station of Being"智能公交站

项目名称:Moguer Gate 公交站台(图 10-5)。设计方:Ahaus Arquitectos。建成时间:2019 年。项目地点:西班牙,莫戈尔。设计简介:写有本地方言的檐篷,象征着对乘客的迎接和欢送。这些檐篷由与火车站相连的水平面和向交通区域开放的倾斜平面组成。

项目名称:摇摆框架(图 10-6)。设计方:Noa。建成时间:2020 年。项目地点:意大利,奥蒂塞伊。设计简介:多功能展亭是一个提供当地旅游景点和活动讯息的信息站空间,同时也是公共汽车站和年轻人、老年人的游乐场地。

项目名称:德国小镇电车站(图 10-7)。设计方:J. Mayer H. Architects。建成时间:2018 年。项目地点:德国,凯尔。设计简介:这是一个由裸露混凝土圆盘组成的雕塑般的基础设施,融合了动感、平衡感、失衡感和流动感等。

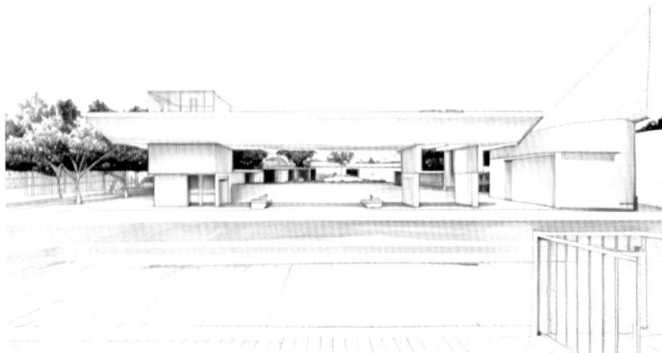

图 10-5　Moguer Gate 公交站台

图 10-6　摇摆框架

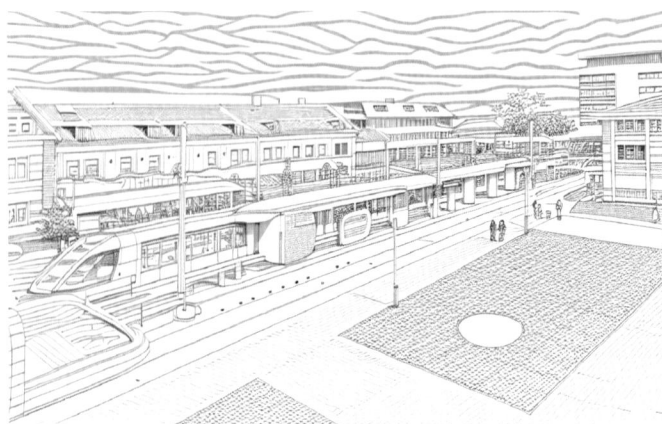

图 10-7　德国小镇电车站

项目名称：Palafolls 公交车站（图 10-8）。设计方：MIAS ARCHITECTS。建成时间：2018 年。项目地点：西班牙,巴塞罗那。设计简介：一系列窗户被布置在场地上,如同被风吹拂着,它们在 Palafolls 的这个城市与乡村的交界之处为人们提供庇护。

图 10-8　Palafolls 公交车站

项目名称：Kohta 火车站（图 10-9）。设计方：Aalto University Wood Program。建成时间：2019 年。项目地点：芬兰,科里亚。设计简介：Kohta 火车站是一次数字制造和物理制造的结合,每一块墙板都经过数字设计和数控加工,然后用台锯切割成特定的长度,每一块墙板都有独特的角度和长度。

图 10-9　Kohta 火车站

项目名称：迪南火车站的公共空间（图 10-10）。设计方：Fouquet Architecture Urbanisme。建成时间：2021 年。项目地点：法国,迪南。设计简介：这是一个 10m×30m 的有覆盖的大厅,由遮挡阳光木架、陶土体块和遮蔽雨水的氟塑膜（ETFE）组成,四棵被栽种在此的树穿过顶部结构。

图 10-10　迪南火车站的公共空间

项目名称:电动车超快速充电站(图 10-11)。设计方:COBE。建成时间:2019 年。项目地点:丹麦,腓特烈西亚。设计简介:充电站由一系列"树"结构组成,树冠状的屋顶在过滤阳光并提供遮阳和保护的同时,界定出绿色的环境,形成平静的氛围。

图 10-11　电动车超快速充电站

项目名称:真庭市车站示范建筑(图 10-12)。设计方:Ofa。建成时间:2017 年。项目地点:日本,真庭。设计简介:建筑的结构很简单,由三片大墙体支撑着三个屋顶,它的特点是一个大型悬臂式屋顶和墙上的许多小孔,使用交叉复合木材做成的长椅和自行车位放置在建筑周围。

项目名称:维尔纽斯国际机场的公交站(图 10-13)。设计方:Vilniaus Architektūros Studija。建成时间:2017 年。项目地点:立陶宛,维尔纽斯。设计简介:公交站选择了简约的清水混凝土材料,雕刻形式和所有的设计元素都在对角线方向上,朝向公交车到达的方向。

图 10-12　真庭市车站示范建筑

图 10-13　维尔纽斯国际机场的公交站

项目名称:山中湖村公交车站和游客中心(图 10-14)。设计方:SUGAWARADAISUKE Architects。建成时间:2018 年。项目地点:日本,山梨县。设计简介:三角形的木制网格系统将该区域丰富的景观元素融合在一起,为当地的人流、旅游业和社区网络提供了一个关键性的枢纽。

项目名称:斯图加特火车总站(图 10-15)。设计方:Christoph Ingenhoven。建成时间:2025 年。项目地点:德国,斯图加特。设计简介:车站的屋顶是一个无接缝的钢筋外壳,根据受力设计成不同厚度,车站位于地下,但通过巨大的"光眼"(light eyes)引入自然光线。

项目名称:杭甬高速公路绍兴收费站(图 10-16)。设计方:任天建筑工作室。建成时间:2022 年。项目地点:中国,绍兴。设计简介:绍兴水文化中最具特色的代表便是石拱桥和乌篷船这两个元素,用黑色的棚顶隐喻乌篷船的乌篷,用拱形结构隐喻水上的拱桥。

图 10-14　山中湖村公交车站和游客中心

图 10-15　斯图加特火车总站

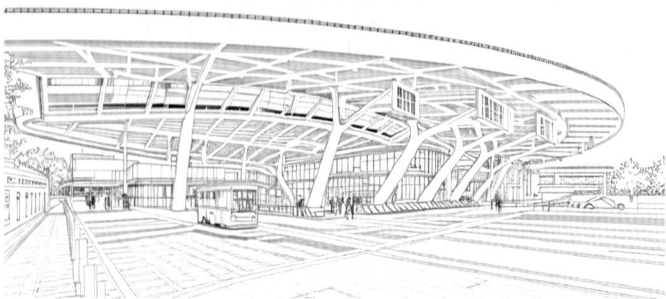

图 10-16　杭甬高速公路绍兴收费站

项目名称:Hyllie 车站(图 10-17)。设计方:Metro Arkitekter。建成时间:2010 年。项目地点:瑞典,马尔默。设计简介:大圆顶(直径 45m)被悬挂在下面的向上照射的灯照亮着,像不明飞行物一样盘旋在车站入口上方,屋顶被 52 盏圆天窗穿过,使日光能从孔中穿过照到站台上,车站因此没有任何处于地下的感觉。

图 10-17 Hyllie 车站

项目名称:巴埃萨的新公交车站(图 10-18)。设计方:DTR Studio Architects。建成时间:2012 年。项目地点:西班牙,巴埃萨。设计简介:方案通过公交车区、室内乘客区和户外乘客区三个区域组织,北立面相对不透明,就像城市的塑造者,而南立面则是相反的,甚至流线都是朝着未来的公园开放的。

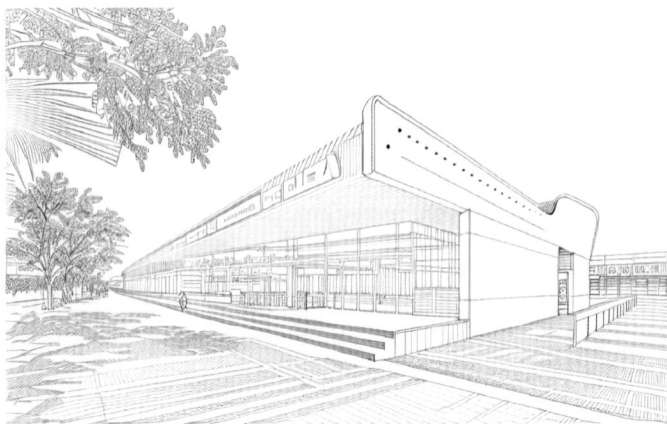

图 10-18 巴埃萨的新公交车站

项目名称:纽波特车站(图 10-19)。设计方:Grimshaw。建成时间:2010 年。项目地点:英国,纽波特。设计简介:车站的螺旋形式反映出内部人员的流动,并可以指引地面的行人;将四氟乙烯裹在钢体结构上,产生了非常明亮、通风的空间。

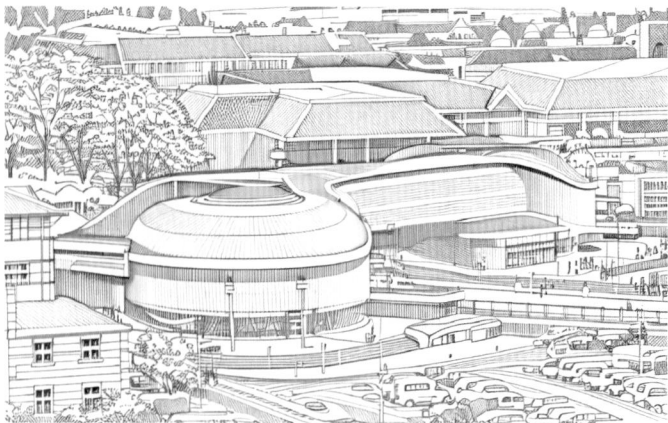

图 10-19　纽波特车站

项目名称:埃斯林根汽车站(图 10-20)。设计方:Werner Sobek。建成时间:2014 年。项目地点:德国,埃斯林根。设计简介:设计团队根据周围场地的地势设计出一个弧线形的华盖,屋顶结构是由单根钢柱支撑的,玻璃面板有不透明和透明的两种,为在屋檐下等待的人们提供了不同的条件。

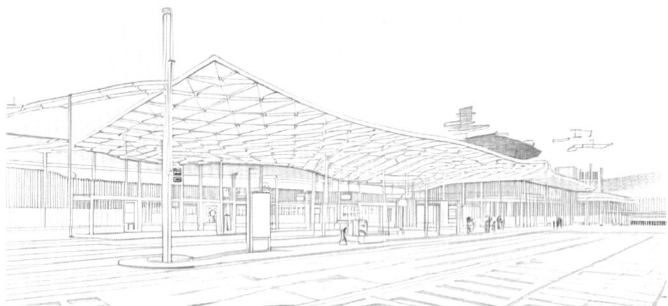

图 10-20　埃斯林根汽车站

项目名称:哥本哈根 Nørreport 车站(图 10-21)。设计方:Gottlieb Paludan Architects。建成时间:2015 年。项目地点:丹麦,哥本哈根。设计简介:站前广场的几个建筑主要是用玻璃建造的圆柱形,表面采用了简单的自然材料,主要包括白色混凝土、花岗岩、玻璃和不锈钢。

项目名称:吕布尔加兹(Lüleburgaz)汽车站(图 10-22)。设计方:Collective Architects & Rasa Studio。建成时间:2016 年。项目地点:土耳其,吕布尔加兹。设计简介:市内的公交站台坐落于大楼南侧,而整个地区的公交站台则在其北侧,这座大楼分开了这些南北的站台。

项目名称:温特图尔火车站广场公交枢纽(图 10-23)。设计方:Stutz Bolt Partner。建成时间:2013 年。项目地点:瑞士,温特图尔。设计简介:建筑师与结构师共同合作,用超长悬挑景观亭的形式把建筑落地部分面积减到最小，从基地关系、形态处理、表面材料、功能设置等几个方面改变了火车站前广场之前混乱的情形。

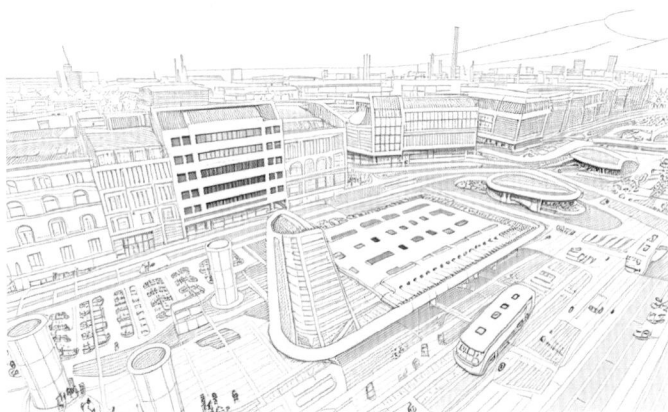

图 10-21　哥本哈根 Nørreport 车站

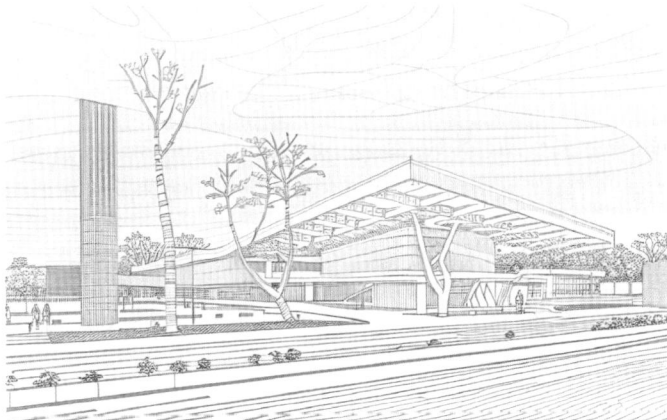

图 10-22　吕布尔加兹（Lüleburgaz）汽车站

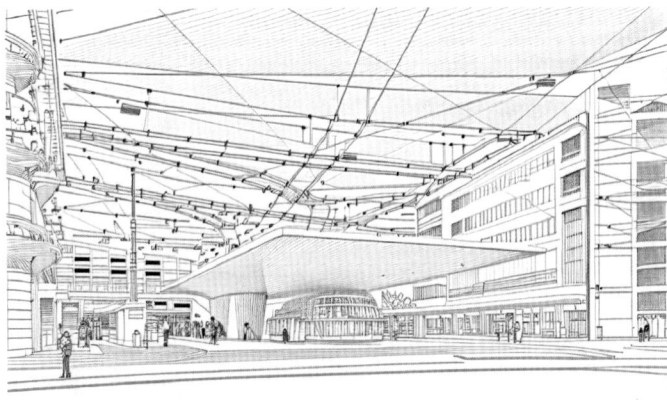

图 10-23　温特图尔火车站广场公交枢纽

项目名称:德国 U5 线火车站(图 10-24)。设计方:Just/Burgeff 建筑事务所。建成时间:2016 年。项目地点:德国,法兰克福。设计简介:铁框架和涂漆薄钢板的包膜外层上的外三角形折叠相互配合,就像两个踩高跷的漏斗,折叠的顶部表面通过两个柱子的内部把雨水直接导下,座椅后面的安全玻璃板提供了更多保护。

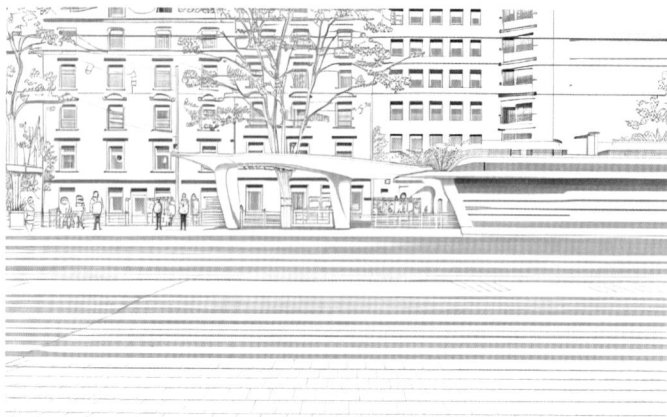

图 10-24　德国 U5 线火车站

项目名称:Wendouree 火车站(图 10-25)。设计方:Hassell with Parsons Brinckerhoff。建成时间:2009 年。项目地点:澳大利亚,巴拉瑞特。设计简介:材料选择长期耐久性的材料,以持续降低成本,新车站的设计包含了最佳的可持续实验,包括对水敏感的停车场的城市设计。

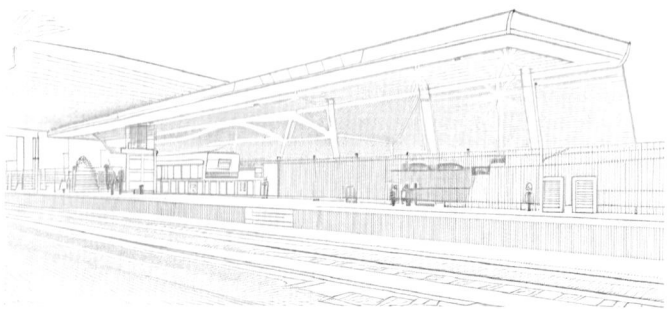

图 10-25　Wendouree 火车站

项目名称:马泰拉中央车站(图 10-26)。设计方:斯特凡诺·博埃里建筑公司。建成时间:2015 年。项目地点:意大利,马泰拉。设计简介:通过对结构本身的改造,利用地下屋顶上的巨大矩形开口,将方案的地下部分与地上部分连接起来,同时给经过大面积改造的地下隧道带来自然光和空气。

图 10-26 马泰拉中央车站

项目名称:切拉德纳火车站(图 10-27)。设计方:Projekt Studio。建成时间:2011 年。项目地点:捷克,切拉德纳。设计简介:一栋带有经典的鞍形临街山墙,却采用特殊形状屋顶和活泼俏皮窗户的由砖、木、石构成的建筑。

图 10-27 切拉德纳火车站

项目名称:克雷泰伊"高卷式"郊区车站(图 10-28)。设计方:AREP。建成时间:2013 年。项目地点:法国,克雷泰伊。设计简介:该建筑是用水泥填充的金属柱,金属柱的格栅形式体现了大型跨梁模式,旨在创建一个有额外增加旅客流量承载能力的乘客大厅以及所有配套场所的空间。

项目名称:日本乡野车站翻修工程(图 10-29)。设计方:Koichi Hankai Architect & Associates。建成时间:2018 年。项目地点:日本,宫津。设计简介:延展部分采用了单一构造设计,以适应现有法规,主体构造由钢框架建成,次要构造由木材建成,营造出大空间下仍简单质朴的氛围。

项目名称:哈鹿加油站(图 10-30)。设计方:SITUATE 上下四方建筑事务所。建成时间:

2022 年。项目地点:中国,东营。设计简介:结合场地肌理,加油站设计上采用了连续筒拱屋面,筒拱截面采用了标准半圆形,暗含了油罐车和输油管道的筒形意向。

图 10-28　克雷泰伊"高卷式"郊区车站

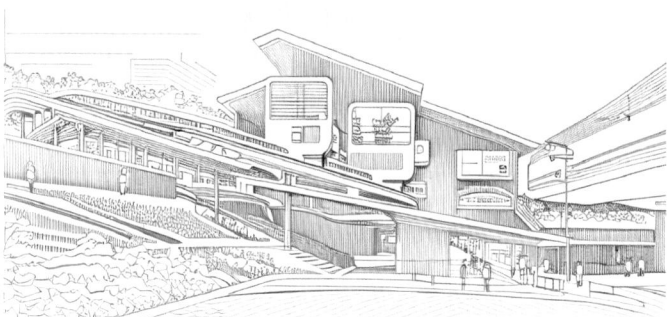

图 10-29　日本乡野车站翻修工程

图 10-30　哈鹿加油站

　　项目名称:乌克兰第聂伯罗地铁站(图 10-31)。设计方:扎哈·哈迪德建筑事务所。建成时间:2016 年。项目地点:乌克兰,第聂伯罗。设计简介:车站的设计通过焊接的钢制入口亭来纪念这座城市丰富的工艺、冶金和制造传统,这些雕塑般的入口由第聂伯罗当地铸造厂的回收钢制成的薄壳结构组成。

图 10-31　乌克兰第聂伯罗地铁站

　　项目名称:斯拉沃尼亚布罗德市巴士总站(图 10-32)。设计方:SANGRAD + AVP Architects。建成时间:2021 年。项目地点:克罗地亚,斯拉沃尼亚布罗德。设计简介:由金属板打造的屋顶上有着随机的开口,从而可以让场地已有的树木留在原地,穿过屋顶与天空直接相接。

图 10-32　斯拉沃尼亚布罗德市巴士总站

　　项目名称:立陶宛 Vilkaviškis 汽车站(图 10-33)。设计方:Balčytis Studija。建成时间:2020 年。项目地点:立陶宛,Vilkaviškis。设计简介:三角形地块的面积"吸收"了建筑物,直观地与周围的自然融为一体,从而在建筑内创建了公园和公共空间。

图 10-33　立陶宛 Vilkaviškis 汽车站

项目名称:阿利坎特城电车站(图 10-34)。设计方:SUBARQUITECTURA。建成时间:2007 年。项目地点:西班牙,阿利坎特。设计简介:通过一个路线分流系统绕开已有的植被。在其上有两个空盒子,长 36m,宽 3m,高 2.5m,在旅行者的头上营造了虚无的空间感,对于周边建筑而言与电车的体量更加接近。

图 10-34　阿利坎特城电车站

项目名称:阿森木构火车站(图 10-35)。设计方:Powerhouse Company。建成时间:2020 年。项目地点:荷兰,阿森。设计简介:木质屋顶为旅行者营造了温馨的氛围,屋顶中间的窗户让阳光在站台和站厅里发挥作用,屋面边缘增加了绿色的沉沙面,用于缓冲雨水。

项目名称:银杏天鹅湖第二车站(图 10-36)。设计方:禾下建筑社。建成时间:2020 年。项目地点:中国,嘉兴。设计简介:南边的一片大屋顶下是儿童的俱乐部,不同高度的平台将建筑前后两个高差不同的地形顺势连系起来,建筑当中没有不同的楼层,只有一片一片互相关联的场地。

项目名称:杭州英飞特电动汽车充电站(图 10-37)。设计方:GLA 建筑设计。建成时间:

2017 年。项目地点:中国,杭州。设计简介:建筑屋面主体采用表面红色与灰色的铝塑复合板表皮、LED 屏及人工光源,使其既具有明显的视觉识别性,同时又延续了传统汽车加油站以红色为主色调的传统。

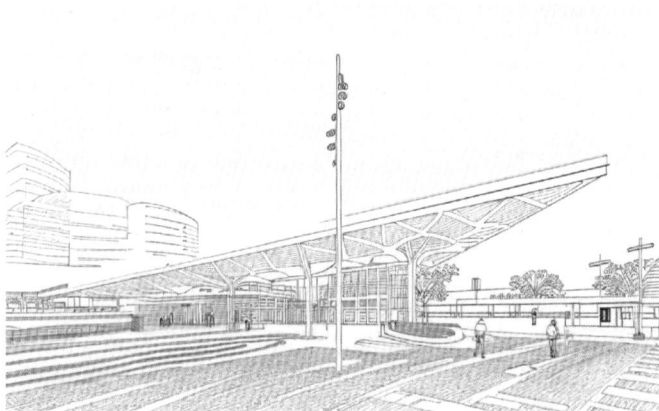

图 10-35　阿森木构火车站

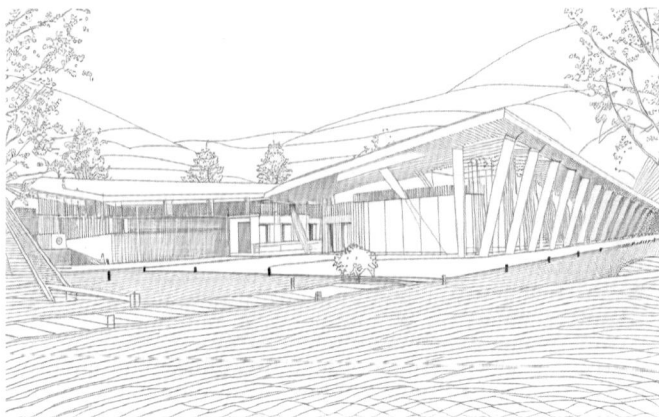

图 10-36　银杏天鹅湖第二车站

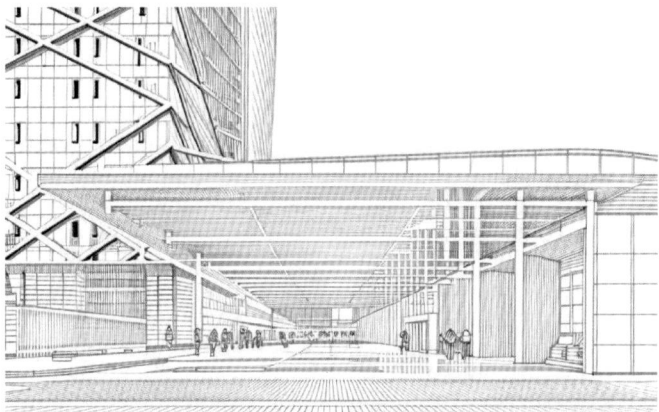

图 10-37　杭州英飞特电动汽车充电站

参 考 文 献

[1] 张丽.省域内汽车客运站数量与规模研究[D].西安:长安大学,2011.

[2] 李德刚,罗霞,霍娅敏.乡镇汽车客运站场规模确定方法研究[J].公路交通科技,2006,1: 163-166.

[3] 孙晓勇.农村汽车客运站布局研究[J].黑龙江交通科技,2008,11:143.

[4] 蒋佩珊.农村客运发展规划研究[D].成都:西南交通大学,2009.

[5] 胡坤鹏.县域农村客运规划方法应用研究[D].广州:华南理工大学,2014.

[6] 郭雯雯.农村乡镇客运站布局研究[D].西安:长安大学,2012.

[7] 张三省.农村客运站:类别选择和建设要求[J].运输经理世界,2005,7:72-73.

[8] 中国建筑学会.设计资料集 第7分册 交通·物流·工业·市政[M].3版.北京:中国建筑工业出版社,2017.

[9] 中华人民共和国住房和城乡建设部.交通客运站建筑设计规范:JGJ/T 60—2012[S].北京:中国建筑工业出版社,2012.

[10] 中华人民共和国交通运输部.汽车客运站级别划分和建设要求:JT/T 200—2020[S].北京:人民交通出版社股份有限公司,2020.

[11] 中华人民共和国住房和城乡建设部.建筑设计防火规范:GB 50016—2014[S].北京:中国计划出版社,2014.

[12] 中华人民共和国住房和城乡建设部.汽车库、修车库、停车场设计防火规范:GB 50067—2014[S].北京:中国计划出版社,2014.

[13] 湖南省市场监督管理局.汽车客运站建设管理导则:DB43/T 1041—2023[S].长沙:湖南省市场监督管理局,2023.

[14] 中华人民共和国住房和城乡建设部.公共建筑节能设计标准:GB 50189—2015[S].北京:中国建筑工业出版社,2015.

[15] 辽宁省市场监督管理局.汽车客运站服务规范:DB21/T 3829—2023[S].沈阳:辽宁省市场监督管理局,2023.

[16] 中华人民共和国住房和城乡建设部.无障碍设计规范:GB 50763—2012[S].北京:中国建筑工业出版社,2012.

[17] 中华人民共和国住房和城乡建设部.电动汽车充电站设计规范:GB 50966—2014[S].北京:中国计划出版社,2014.

[18] 中华人民共和国住房和城乡建设部.城市停车规划规范:GB/T 51149—2016[S].北京:

中国建筑工业出版社,2016.

[19] 中华人民共和国住房和城乡建设部.城市公共厕所设计标准:CJJ14—2016[S].北京:中国建筑工业出版社,2016.

[20] 国家市场监督管理总局,国家标准化管理委员会.综合客运枢纽通用要求:GB/T 42231—2022[S].北京:中国标准出版社,2022.

[21] 中华人民共和国住房和城乡建设部.智能建筑设计标准:GB 50314—2015[S].北京:中国计划出版社,2014.

[22] 中华人民共和国国家质量监督检验检疫总局,中国国家标准化管理委员会.公共信息导向系统导向要素的设计原则与要求 第1部分:总则:GB/T 20501.1—2013[S].北京:中国标准出版社,2013.

[23] 中华人民共和国国家质量监督检验检疫总局,中国国家标准化管理委员会.公共信息导向系统 导向要素的设计原则与要求 第3部分:平面示意图:GB/T 20501.3—2017[S].北京:中国标准出版社,2017.

[24] 国家市场监督管理总局,国家标准化管理委员会.公共信息图形符号 第1部分:通用符号:GB/T 10001.1—2012[S].北京:中国标准出版社,2012.

[25] 国家市场监督管理总局,国家标准化管理委员会.标志用公共信息图形符号 第3部分:客运与货运:GB/T 10001.3—2011[S].北京:中国标准出版社,2011.

[26] 国家市场监督管理总局,国家标准化管理委员会.标志用公共信息图形符号 第9部分:无障碍设施符号:GB/T 10001.9—2021[S].北京:中国标准出版社,2021.